中华传统家风家训

读优优 编

校园爆笑故事
漫画妙解国学经典

延边教育出版社

图书在版编目（ＣＩＰ）数据

中华传统家风家训 / 读优优编. -- 延吉：延边教育出版社，2023.8

ISBN 978-7-5724-3239-2

Ⅰ.①中… Ⅱ.①读… Ⅲ.①家庭道德—中国—小学—教学参考资料 Ⅳ.①G621.6

中国国家版本馆CIP数据核字（2023）第151785号

zhonghua chuantong jiafeng jiaxun
中华传统家风家训

编　　者：	读优优
责任编辑：	张华旭
策　　划：	读优优
插　　画：	刘华川　杨　望
出版发行：	延边教育出版社
社　　址：	吉林省延吉市长白山东路 98 号
邮　　编：	133000
网　　址：	http://www.ybep.com.cn
电　　话：	0433-2913940（编辑部）　13161428567（读者服务部）
传　　真：	0433-2913964
印　　刷：	保定慧世源印刷有限公司
开　　本：	710 毫米 x 1000 毫米　1/16
印　　张：	8
字　　数：	60 千字
版　　次：	2023 年 8 月第 1 版
印　　次：	2023 年 8 月第 1 次印刷
书　　号：	ISBN 978-7-5724-3239-2
定　　价：	49.80元

最后写的总序

随便翻翻这套书，读者朋友们可能就会冒出很多的疑问，因此，在开篇做一下简单的阐释。

《读优优穿越时空看国学》的第一辑，总共分为《英雄》《状元》《孝道》《家风家训》四个篇章。

讲就讲呗，为什么写了那么多的家长里短、校园趣事呢？

历史嘛，毕竟都是发生在过去的事，和孩子们多少有点距离。这些古代的事和我们有什么关系？我们该如何把这些古代的道理运用到我们的生活当中呢？而这些校园趣事和家庭趣闻就是读优优和他的小伙伴们了解这些事实道理并运用到生活中所发生的事情，有点"道不远人"的意味。

画就画呗，为什么还总是长篇大论个没完？

当然这也是必要的，虽然单一的小主题可能几句话就讲完了，但是为了故事更好看，为了读者更好地了解故事背景和人物典故，就写得多了一些，内容也更丰富耐看。不过，小朋友也可以跳着看，先看喜欢看的部分哦！

就简单说到这里，看漫画吧！

人物简介

读优优

几年几班学生，调皮捣蛋又善良，永远的正能量，是林萌萌的眼中钉。

林萌萌

几年几班学生，急脾气，爱出风头，永远的学霸，总想着"帮扶"读优优和丁壮壮。

丁壮壮

几年几班学生，憨厚贪吃不爱动脑，是读优优的好朋友。

童老师

几年几班任课老师，自认为智慧与美貌并存，心理年龄却非常低，比较高冷，能和学生打成一片。虽然面对学生的各种问题时常答不上来，但是自有一套应对办法，让人大跌眼镜，如：不好意思哈，今天太匆忙，智慧被我落家里了！……不好意思啊，智慧已离线，有问题请留言！这一套说辞下来，时常搞得学生们哭笑不得。

袁老师

几年几班班主任，国学爱好者，博学多才，温和有包容心，能和同学们打成一片，不过是个话痨，尤其谈论起国学，总能说个没完没了，让同学们巴不得溜之大吉。

到底几年级几班啊？

为什么是"几年几班"？一二三四五六总得有个具体的班号啊？到底是怎么回事呢？同学们看得肯定一头雾水。没关系，下面就讲一下这个"几年几班"的由来吧！

其实这是一个笑话，都怪读优优的爸爸啦！

读优优爸爸对读优优一家来说，简直就算可有可无。按读优优妈妈的说法，他就是一个"甩手掌柜"，家里一切事物都不操心，读优优的学习自然也就更关照不到了啊！

偶然一次接读优优放学，看着一个班一个班的同学们穿着一样的校服，他立刻蒙了，发现自己竟然不知道儿子的班号！

"到底是几年几班啊？"

他生怕别人不知道，大吼大叫起来，引来其他家长的一通大笑。

读优优别提有多尴尬啦！没办法，换爸是不可能了！当然，他自己也是很爱爸爸的！

后来这些熟悉的家长见到读优优和妈妈了，就会笑着问："优优，到底是几年几班啊？"

读优优得意地说："到底是几年几班呢，你就随便说好了！"

于是，读优优、林萌萌和丁壮壮自然就成了几年几班的学生！

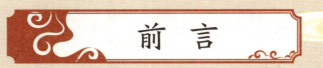

前言

家风家训是什么？

　　不就是爸爸妈妈给我们立的规矩吗？我们遵守就是了，还要学什么？

　　当然不是了，我们作为家庭成员，家风时刻影响着我们，我们的所作所为也是家风最好的表现啊！树立了良好的家风，我们也可以反过来要求爸爸遵守，要知道，古代制定家风家规的人，可是先拿这些条例要求自己的。

　　古人们是如何做的呢？家风家训是如何发挥作用的呢？

　　这些都能从这本书里找到答案。通过发生在学校和家里的幽默趣事，以及古代家风家训的故事，了解相关知识和道理。

　　当然，因为这些家风家训的知识和道理，读优优和小伙伴们，以及那些家风家训知识本来为零的爸爸妈妈可是闹出了不少笑话呢！唉，谁说大人比孩子更成熟呢？读优优和小伙伴们也正为爸爸妈妈操心呢！可是他们之间也有意见不一致的情况，而且经常为此闹出不少笑话，看，他们又争执起来了！

目 录

良好家"蜂"

四知先生杨震

【教室】

几年几班战绩排行榜始终霸占榜首的当属林萌萌啦！对此，同学们都已经习惯了，就像同学们都已经习惯了读优优和丁壮壮长期占据榜尾一样。当然，读优优可不习惯，总想着来一次逆袭呢！

优优，你在自言自语什么呢？

因为有好家"蜂"！我怎么就没想到呢？

这不，林萌萌这次考试又得了第一名。读优优很是不服气："考试老得第一名，也不嫌烦！"站在讲桌后的袁老师一个劲夸她，他是这样说的："林萌萌同学能取得这么好的成绩，是因为她有一个好家风……"

读优优突然扭头看着丁壮壮，问道："想不想下次换你上去领奖？"丁壮壮吃惊得嘴里能塞下半个西瓜，他说："妈呀，我要是得第一名我妈得笑成一朵花。"

读优优拍拍丁壮壮的肩膀，说："听我的！下次咱俩得第一名。"

呜呜……我们到底来干吗的？

逃啊！

【森林里】

读优优怀抱着一只抄网，一边走路一边神气活现地自言自语道："哼！家蜂是吧！看我逮住最最厉害的大黄蜂，超过你一万倍。"丁壮壮一边低头吃巧克力，一边拖着一只抄网懒洋洋地跟在后面。

【教室里】

林萌萌看着头上和脸上有无数包、几乎被蜇成猪头的读优优和丁壮壮愣了好久，她不知道此时应该先高兴还是先吃惊。而读优优内心里也有一万个问号在闹腾。

我的家蜂？我没养啊。

哎？林萌萌，难道你的家蜂就不蜇你？

袁老师无奈地说："哎！家风不是指家里养的蜂。"

读优优眼睛骨碌一转："袁老师，那家蜂难道是外面嗡嗡乱飞的那种？"

袁老师继续说："'家风'又称门风，指的是家庭或家族世代相传的风尚、生活作风，即一个家庭当中的风气。你也可以理解为家里的长辈们给后代定下的好的习惯和做人准则。"

原来是"风"，不是"蜂"。

家
上面有房子（宝盖），下面是头猪。原指最早的祭祀场所。

家风也称门风，指的是家庭或家族世代相传的风尚与作风。家规是为了配合家风的熏陶，对犯错的家族成员做出相应性的警告、惩罚与处理的机制。中国历史上，王阳明、曾国藩、孔子、朱熹、诸葛亮等人为了树立家风，都制定了明确的家规。

◎ 家风由来

中国有句俗话，叫富不过三代。意思是说，一个家庭发达后，后代的子孙往往只顾着享乐，不肯再吃苦上进。

为了家族能够繁荣昌盛，族长或者家族中最有名望的人，往往制定家规，形成良好的家风，让后代遵照执行。

杨震，字伯起，东汉的名臣。

杨震因学识渊博、深明大义而闻名朝野，后被人举荐，被破格提拔做了东莱太守。

若论才学德行，此地当属"关西孔子"杨伯起！

学而优则仕，如此才子当是为官之才啊！

这官府也太简陋了吧！

胸有一方水土、一方百姓，何陋之有？！

真是粗茶淡饭啊！

珍馐百味，不过一饱。当官的和寻常百姓也是一样的啊！

你能不能不说话？同一个屋檐下，同一桌吃饭，做人的差距咋就这么大呢！

昌邑县令王密

后来，王密惭愧而去、杨震"暮夜却金"的事流传开来，后人因之称杨震为"四知先生"。

国舅大鸿胪耿宝

皇后兄长执金吾阎显

杨震当了太尉。有一次阎显和耿宝分别向他推荐人才。

向大人举荐贤才啊！此人是我亲戚，我这可是举贤不避亲啊！

杨大人，不怕明言，此人乃我同族。

既然如此，可以和众贤才同台竞技啊！

那就不送啦，这些金银财宝记得带走哦！

哼，走着瞧！

靠着卖官就能发财，却偏得靠本事。唉，这一个能买多少猪蹄啊！

这就是高风亮节啊！看身躯弱不禁风，看气节能敌百万钱财，能敌百万雄兵！

启奏陛下，有人在京城要地私建大宅，豢养家丁，为祸一方……

杨震因触怒皇帝而被罢官。杨震一生清正廉洁，不但严格律己，而且治家严谨。在他的要求和影响下，其子孙大都博学清廉，多个子孙都以"清白吏"而誉满天下。

8

颜氏家训

颜氏满门忠烈

赶紧去，这可是满屋书香，不要提那么重口味的话题！

哈哈，机会来了，我的漫画！

帮我拿会儿，我去上个厕所。

也许是读优优的成绩限制了他的想象，他发觉和林萌萌在看书方面的差距是越来越大。一进图书馆，读优优就紧盯漫画，本想弄一本混进林萌萌选的那一堆老夫子经书中，拉低一下阅读书目的"年龄"，

结果还是被林萌萌发现，她把漫画扔到了一边，还把《颜氏家训》放在了最上面。"借本书就是为了叫这姓颜的老头训自己一顿？快拿走，拿走……"读优优一手捏住自己鼻子，另一只手捏住书角，让它远离自己。林萌萌一脸鄙夷，道："你懂什么？这是培养优良家风的，是古典名著。"读优优翻着白眼，说："白送我，我都不看！"

读优优朝林萌萌的背影撇撇嘴，吐吐舌头，随手将书扔给了丁壮壮，"瞧见没？这倒霉的林萌萌嫌自己的爸妈和老师训自己训得还不够啊……"丁壮壮却兴奋地说："哇！把它拿给我爷爷，让他好好训训我爸爸！"读优优高兴得差点跳到楼上去，他抱着那本书亲了又亲。读优优亲着书，说："哈哈……壮壮，先借我用吧！"

读优优终于找到了比漫画还有用的宝贝，生怕林萌萌回来抢走，抢过来就跑。咣当，他撞在了一个人身上。"袁老师！"读优优竟然撞在了袁老师的身上。袁老师看到读优优跟丁壮壮手里的书，说话都开始结巴了："你……你……你们借《颜氏家训》干吗呀？"

"袁老师，这本书可以帮我们培养优良家风。"读优优得意极了，看来

这本《颜氏家训》真
是个宝贝啊，难得袁
老师用这种赞佩的眼
光看自己。当然丁壮
壮可不想拆穿读优
优，掏出一根棒棒糖
打开来。

积极进步，可造之
才，热爱学习，热爱传
统文化，尊师重教。

袁老师高兴得眼
泪都快流出来了，连
说了几个"好"，就
要转身离去。"袁老
师，读优优在说……"
林萌萌跑了回来，嘴
里还叨咕着。读优优急忙捂住了她的嘴，接着顺势抢过丁壮壮的棒棒糖塞到
了林萌萌的嘴里。"什么？"袁老师回头。读优优急忙挥手解释，说："没事！
她说想吃棒棒糖！嘿嘿……"

读优优和丁壮壮拖着林萌萌逃远，然后把林萌萌丢一边就继续去争抢那
本书了。这让林萌萌看傻了眼，她吃惊地说："你们……放开我的书！"

不行！图书
馆就这一本啦！

那是我的棒棒糖！

这本书借我看半年。

　　家规家训虽然多，但一般只有几句话或者一篇文章。《颜氏家训》可不一样，它可是一本书，有7卷20篇，3万多字。这是中国历史上第一部内容丰富、体系宏大的家训。

　　《颜氏家训》的作者叫颜之推，他生活在南北朝至隋朝期间。

　　他把自己教育孩子的心得体会写了下来。这部作品文字优美，观点独到，一千多年后，还有不少家长用这部书指导自己，教育孩子。

哈哈，这本家训里还有兵法呢，找到宝喽！

说来容易做时难！光说不练假把式，光练不说傻把式，又练又说真把式。

哇，字字珠玑，句句在理，应该写到家训里啊！

古代文学家·颜之推

《颜氏家训》全书二十篇，各篇内容涉及的范围相当广泛，但主要是以传统儒家思想教育子弟，讲如何修身、治家、处世、为学等，其中不少见解至今仍有借鉴意义。

如颜之推提倡学习，反对不学无术；认为学习应以读书为主，又要注意工农商贾等方面的知识；主张"学贵能行"，反对高谈阔论、不务实际等。其后世子孙多有才俊出现，如书法家颜真卿、颜杲卿等。

小古文

观天下书未遍，不得妄下雌黄。
——《颜氏家训·勉学篇》
释义：没有读遍天下书，不能随便去校改别人的文章。

颜之推出生在晋朝末年，当时正处于狼烟四起、兵连祸结的战争年代。

颜之推少时便饱读诗书，成年后做官，本想一展所学，却尝尽流离之苦，看尽世间百态。

哈哈，财物为身外之物，即使累积千千万万，也比不上读书有价值啊！

趁着做官，还不为家里积攒着钱财！

对，靠家长多没出息啊，我就是我，不一样的强者！

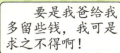

要是我爸给我多留些钱，我可是求之不得啊！

一副不争气的样子，咱们拼的是实力！这是我替萌萌同学说的。

圣贤书教人修齐治平，建功立业。所有这些都有了，何须留那些身外之物徒增祸害呢？

不留财产给后代也就算了，留点武林秘籍、厚黑之学、生存之道也好啊！

修齐治平，是个成语，就是"修身、齐家、治国、平天下"！

隋朝建立之后，颜之推决定结合自己的人生经验、处世哲学，编写一本劝诫子孙的书，这就是《颜氏家训》。

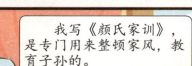

我写《颜氏家训》，是专门用来整顿家风，教育子孙的。

四书五经里不是都说了吗？为什么还要弄一个家训呢？

不问那么多问题行不行？能不能配合一下！

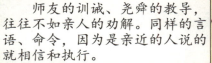

师友的训诫、尧舜的教导，往往不如亲人的劝解。同样的言语、命令，因为是亲近的人说的就相信和执行。

时间到了唐开元年间，驻扎在今天北京附近身兼三镇节度使的安禄山叛乱，北方地区很快沦陷。

河北二十四个郡，难道就没有一个忠臣吗？

您还有颜真卿和颜杲卿！

叛国的狗贼！

国家又要陷入战火之中，百姓又要遭殃啦！

得知安禄山叛乱，中原地区生灵涂炭的消息之后，颜杲卿痛哭流涕。

为了百姓过上太平生活，兄弟两个发誓共同起兵对抗叛贼。

兄长，我在平原郡那边支援你。

弟弟，我决定在常山这边闹革命。

颜杲卿和儿子颜季明一起守常山，设计杀了安禄山部将李钦凑，擒高邈、何千年。河北有十七郡响应，抗击安禄山反叛。

我们颜家世代受皇恩，绝不向叛贼屈服！

是！父亲。

颜真卿在平原郡同时起兵与颜杲卿呼应。

我对你那么好，你竟敢背叛我！

皇帝对你那么好，你竟然背叛他！

因为得不到朝廷支援，常山很快被攻破，颜杲卿跟他的子侄们一起被安禄山残忍杀害。

唐德宗时期，淮西节度使李希烈叛乱，年近八十岁的颜真卿奉旨前去平叛，战败被俘。

到底投降不投降？

宁死不降！

真是满门忠烈啊！

我绝不向你个叛军投降！书已经被我拿去叠纸飞机啦！

到底还不还我书？

将门虎子

岳云的故事

人家刘威，不愧是将门虎子啊！

长胡子？

将门？门将？

【学校足球场】

读优优的球队又输球啦，他既追不上球也追不上人，好不容易逮着球踢了一脚，还把它射进了自家球门里，惹得观众们哄堂大笑。丁壮壮气呼呼地说："为了给你加油，我不但嗓子喊哑了，手都拍秃噜皮儿了！你看看你，再看对面的刘威同学！"

读优优跑了没几步，那两条腿软塌塌得跟面条似的，再看刘威，那真是神气！林萌萌一脸鄙夷的神色，嘴巴不停地说："啧啧啧……连将门虎子都不懂，啧啧啧……"读优优一听不服气了，说："谁不知道啊？我俩不想说而已。哼！"读优优说完就拉起丁壮壮走了。

袁老师正在给球队喊加油呢，读优优跟丁壮壮突然跳到他面前，把他吓愣了。读优优突然戏精上身，诚恳地对袁老师说："袁老师，即使在踢球的时候，我俩也始终不忘学习，您能告诉我将门虎子是啥意思不？"

随后两人就在袁老师面前练起了武。读优优打猴拳，丁壮壮打虎拳，这一顿操作引来不少人关注。最后还是讨

就是说祖辈、父辈很厉害，子孙受其影响也会非常强。

我祖先肯定是位厉害人物啊！

我的祖先必定是位大力士啊！

厌的林萌萌跑来破坏了两人的美好心情，她不客气地说："你们祖先都那么厉害，怎么一个踢不好球，另一个考试总不及格？"

读优优说："我的足球踢不好那都得怪我爸不会踢球，哼！"丁壮壮想了想，说："我爸爸当年就老考倒数第一，我的学习成绩差压根就不是我的错！"

放学后，读优优和丁壮壮精神抖擞地回了家。第二天，两个人却歪着屁股来上学。

【教室】

读优优一脸认真地问丁壮壮："怎么样？你爸爸道歉没？"丁壮壮说："我爸爸很生气，追问我到底是谁把他当年考倒数第一的事泄露出去的。你呢？"

家风就是家庭的风，无言之教为家风，有言之教叫家训。

家规、家训都是爸爸妈妈定的，跟我们小朋友有关系吗？他们制定规矩，我们负责遵守就行了。

如果你这么想，那可就错了。班有班规，校有校规，班规是同班同学一起遵守，校规约束的是老师和同学，那家规自然就是一家人都要遵守的规矩。

如果规矩只约束着小孩子，却管不到大人，那怎么能称为家规？

  一个家庭的风气是慢慢培养出来的。要想把家规立起来，不仅要制定详细的家规，更关键的是，制定家规的人自己首先就要严格遵守执行。

  历史上，不管是颜之推还是诸葛亮，他们可都是用自己的行为给孩子们做出榜样呢。

你的后代也会像你这么说、这么做的，这叫子子孙孙光说不练无穷匮也！

攒这么多的家训都落灰了，你又不看！

这是给后代准备的！

【岳云的故事】

众所周知，岳飞是精忠报国的大英雄，他对自己儿子的培养从很早就开始了。

撼山易，撼岳家军难啊！

父亲，我还没有马腿高呢。

孩子，你生在我们岳家，就必须从现在开始为国尽忠。

年仅12岁的岳云便被父亲拉上了战场。

是！将军！

张将军，以后就让他在你麾下效力了，不要给他任何关照。

岳飞将岳云送去部将张宪麾下做一名小士兵。

铠甲都太大了，没有一个适合他的。

别担心，他连马背都上不去。

这匹马不能给他骑，会摔残他的！

大家都认为这么小的岳云根本学不会骑马。

走你！

大笨马，看我马上就征服你。

小小的岳云很有骨气，轻易不肯服输。

少年岳云就已经在张宪的手下崭露头角，士兵们称赞他为"嬴官人"。

这个小岳云好凶猛啊！我走先！

金人的骑兵披上重型盔甲称为铁浮屠。重型盔甲，只有用重锤才能砸碎！

太重了，为什么要用这么重的双锤呢？

绍兴四年，岳家军北伐，在攻打随州、邓州的时候岳云都是首功。

皇上有旨，各位将军都要升官。

为什么不赏岳云呢？

太不公平了！

攻占襄阳之后，岳飞论功行赏，唯独不赏岳云。

绍兴五年，岳云在攻打杨幺的战役中又立了大功。

怎么又不写岳云的功劳？

岳云的功劳比我们都大，这不公平！

张宪、牛皋、王贵都是大功劳。

但是在向皇上请功的奏章中，岳飞依旧半点不提岳云的功劳。

我们岳家人必须只图报国，不图升官。

岳飞曾经的长官张俊觉得岳云太亏了，于是替他找岳飞理论。

你对岳云太不公平了。

必须带回胜利的消息，不然我要砍你的头！

是！

郾城之战前，面对金兵主力岳飞对岳云下了严格的军令。

杀！

岳云终于没有辜负父亲的期望，混战了一整天，终于取得了胜利。

许昌一战，岳云浑身伤痕累累，终于带领四万士兵打败了金兀术的十几万金军主力。

撼山易，撼岳家军难！

两年后，仅仅23岁，立下赫赫战功的岳云却跟随父亲一起被执行死刑。

我身犯何罪？

太可惜了，我爸对我严格，没想到岳云他爸对他更狠啊！

太苦了，我还是不要做将门虎子了。

天行健，我们当自强不息，吃点苦又算得了什么！

【后记】

耳濡目染

孟母三迁

【动物园】

看猩猩就看猩猩呗，多什么嘴啊，问什么话啊，弄出这样的尴尬来，你说可咋办？！袁老师有些苦恼了！事情是这样的，上周日，丁壮壮和读优优来到动物园游玩，看见园子里的大猩猩妈妈拿起一根树枝放进嘴巴里含着，然后拿出来塞进蚂蚁窝，再拿出的时候，树枝上面沾满了蚂蚁，这下大猩猩妈妈就有蚂蚁吃了。大猩猩宝宝有样学样，也拿着树枝去沾蚂蚁吃。它们吃得可真香，害得丁壮壮直流口水。饲养员阿姨用扩音器在外面喊："大猩猩幼崽因为长期接受妈妈的耳濡目染，所以变得越来越聪明。"

耳濡目染是啥意思？

是一种耳鼻喉科的疾病。

站在外面的丁壮壮和读优优别提多吃惊。没想到读优优一次一本正经的胡扯让丁壮壮冒出了一头的问号，不解地说："得了病学习就变好了？世界上还有这种事？"读优优自信地说："你没听说有一个叫霍金的病人获了好多世界大奖吗？"丁壮壮仰天长叹，说："天哪，我学习不好原来是因为没得病啊！"丁壮壮一脸生无可恋的表情，把读优优吓了一跳。

果然，读优优跟林萌萌一碰面，免不了又是一场"血雨腥风"。两个人各自亮出武打招数，林萌萌说："出招吧！"读优优冷冷地问："我有一个问题问了九个人，都没人答上来，你是第十个。"林萌萌不屑地问："到底什么笨问题？"

读优优理直气壮地说："我俩当然知道啦，要不怎么能来考你呢！"丁壮壮呆呆地点点头，随后他仰起头，酝酿了好半天情绪。

袁老师委屈地大哭："林萌萌学习好才是受我耳濡目染的，你俩纯粹就是不爱学习！"

文化小科普

◎ 家风和家训的区别

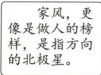

家风，更像是做人的榜样，是指方向的北极星。

家风潜移默化地就让我们成龙成凤成老鼠的儿子会打洞啦！

这样的比喻很恰当，老鼠儿子会打洞的引用很生动！

当一个家庭的家规、家训形成家庭的公众行为习惯即构成了家风，家风也就是一个家庭或一个家族的家文化，潜移默化中发挥着引领作用，让每一个家庭成员都能按照这个行事。

家风如雨，润物无声。家风在潜移默化、耳濡目染中时刻规范着我的言行举止，如一股清泉滋养着我的心灵。不管是以前，还是现在，抑或是以后，我都要遵守家风，时时刻刻提醒自己！

小古文

目濡耳染，不学以能。

——唐·韩愈《清河郡公房公墓碣铭》

释义：眼睛经常看到，耳朵经常听到，不知不觉地受到影响，不用专门学习就有了相应的才能。

◎ 家风与家训的区别

家训是指一个家庭所规定的行为规范，一般是由一个家族所遗传下来的教育规范后代子孙的准则，也叫家法。所谓「国有国法，家有家规」，就是指一个国家有一个国家的法律，一个家庭有一个家庭的规矩。这个家庭的规矩就相当于国家的法律。一个家庭要想兴旺发达，家人做事都要懂得讲规矩。家人违背家规就要像国民触犯法律一样受到处罚。

纵观古今，此类作风的家长能有几许？家教，从来不是指挥子女，只穿透于日常琐事间耳濡目染尔。家书字里行间都渗透着对子女满满的爱和关怀，无须赘言。

> 国有国法，班有班规。迟到了，就得受罚！

> 这就是规矩，没什么好客气的！

> 你们迟到了挨罚还说得义正词严，从未见过如此厚颜无耻之人！

小古文

不以规矩，不能成方圆。
——战国·邹·孟轲《孟子·离娄上》

释义：做任何事都要有一定的规则、做法，否则无法成功。"规"指的是画圆用的圆规；"矩"是打制方形门窗、桌凳必备的角尺。没有规和矩，当然无法做成方形或圆形的东西。在引用这句话时，"方圆"不再指方形、圆形的东西，而指特定事物。

孟子很小的时候，父亲就去世了，孟母独自抚养他，所以家里很贫穷。

桃之夭夭，灼灼其华。

桃之夭夭，桃之夭夭……

孟母虽然没有什么文化，却非常重视儿子的教育。

不好好读书，还想逃之夭夭，找打呢！

"桃之夭夭，灼灼其华"是《诗经》里的诗句。桃树繁茂，桃花灿烂的意思。

娘，咱们去哪儿啊？

新家。

母亲，这新家好有趣啊。

他们先搬去一个离墓地很近的地方住。

因为离墓地很近，孟子经常跑去看热闹。

我的夫啊，你的命好苦……

小小年纪哪里学的哭丧啊？

这一天，孟母无意中发现儿子在玩哭丧的游戏，她非常吃惊。

孟母这才意识到挨着一座墓地住，会对小孟子造成什么样的后果。

母亲，看！好玩吧？

此处不宜居住。

为了远离不好的环境对孩子产生不良的影响，孟母决定搬家。

母亲，这里很好玩，我不想搬走。

我们去更好的地方。

这里果然更好玩，哈哈……

于是，孟母一家便搬到了远离墓地的热闹集镇。

现杀猪肉，南来的北往的，走过路过不要错过。

你从哪里学会了这些啊？

没多久，小孟子又学会了杀猪和做买卖。

【后记】

跟着啥人学啥人！袁老师，您这么英明神武，是跟谁学的呢？

哦，原来在他心目中我是一个英明神武的老师，真是太好了！

跟着啥人学啥人！壮壮，你这么善良温暖是跟谁学的呢？

嘿嘿，爸爸妈妈遗传的，没办法！优优你吃糖不？

跟着啥人学啥人！林萌萌……

我这么优秀，读优优你就尽管夸吧！

跟着老虎学咬人！说，你这好打人的臭毛病是跟谁学的？

学习"珠"子

楚子发母

【教室里】

关于下节课的教学内容，林萌萌和读优优又斗在了一起。上午下课前童老师说下午的教学内容是"朱子"，趴在桌子上走神的读优优马上支棱起耳朵来，刚要开口就被林萌萌堵住了嘴，林萌萌用手比画着说："别乱猜了，不是竹子也不是猪！"读优优根本不理她的茬，扭头去看丁壮壮。

林萌萌心知有异，但是又拿这俩家伙没办法。

哈哈！你就是学霸也限制不了我无穷的想象力！

不许乱猜！

嘿嘿，又有好戏看啦！

【放学路上】

读优优和丁壮壮迈着六亲不认的步伐往家走，那气派比学霸领奖还夸张，林萌萌一路小跑才勉强跟上。林萌萌吃惊地问："你俩真的懂朱子？老师都还没教呢。"读优优仰着头嚣张地说："哼哼！失礼了！"

说到珠子，恐怕我们俩都可以给童老师和袁老师当老师了。

你这脸皮比城墙都厚！

老人家，既然咱们都有"朱子"，交换着看吧！

好啊！不过你得教我怎么玩啊，我好和我孙子一起玩去！

【教室】

今天，读优优和丁壮壮早早来到教室，等了好半天才上课。童老师往讲台上一站，说："同学们，咱们今天讲朱子。"读优优和丁壮壮急忙跑上讲台，各自拿出一大包珠子倒在了讲桌上。不只童老师，其他同学也都吃惊得张大了嘴巴。读优优说："老师，珠子我俩最拿手了，瞧我的！"读优优单手弹珠，那只珠子撞到黑板弹回讲桌上，跳几下后掉进了老师的水杯里，台下爆发阵阵掌声，童老师哭笑不得。

童老师严肃地说："我们学的朱子是清朝的朱柏庐，他写了一本书叫作《朱子家训》。"

读优优顿时愣住了："老师，哪有人叫猪子的，肯定是弹的玻璃珠啊。"

丁壮壮摇头晃脑地说："非常有道理！"

童老师亮出书，上面写着"朱子家训"。

天天就知道玩，以后干脆你俩就叫"丸子"吧！

丸子？听上去很有学问的样子呢。

嘿嘿！过奖！过奖！

全班同学都乐坏了，当然最幸灾乐祸的当属林萌萌了，她神采飞扬地教训两人。

读优优跟丁壮壮反而变得更骄傲了。

　　《朱子家训》的作者叫朱柏庐，是明末清初人。朱柏庐是当时著名的理学家、教育家，他这一辈子一共为孩子们编写了数十本教材，后人最熟悉的就是《朱子家训》，也叫《朱子治家格言》。

　　《朱子家训》虽然只有几百字，但是它对中华民族的众多传统美德进行总结，并给每一条都加上具体可执行的规矩，是一本非常好的家族教育读物。

这一刻，两个"朱子"都好玩，不过你的"朱子"玩得一时，我那个"朱子"却可以管用多时，甚至多世。

老人家，您说我们这两个"朱子"，哪个更好呢？

◎《朱子家训》七则（节选）

1. 黎明即起，洒扫庭除，要内外整洁。

译文：每天早晨天亮的时候，便要起床，用清水来打扫庭院的地面，使得屋内屋外都十分整洁。

2. 既昏便息，关锁门户，必亲自检点。

译文：等到了黄昏时分，便要去休息，必须亲自检查一下房门，关起门并上锁。

3. 一粥一饭，当思来处不易。

译文：对那一碗粥或者是一顿饭菜，我们都应当去想着，得到它们是多么不容易。

4. 半丝半缕，恒念物力维艰。

译文：对半根丝或半条线，都要常常想到这些物资的产生是多么艰难，凝聚多少人的心血，应该好好珍惜。

5. 宜未雨而绸缪。

译文：在还没有下雨的时候，就应当先将房屋的门窗都修补好。

6. 勿临渴而掘井。

译文：不要等到口渴的时候才开始挖井。

7. 施惠勿念，受恩莫忘。

译文：对别人施加了恩惠，不要放在心上。受到了别人给予的恩惠，一定要牢记于心。

家训怎么比语文书字还多啊？这得学到什么时候啊？

这也说明，什么时候都得学习啊，活到老，学到老！

优优同学，你记得方便的时候教我玩弹珠啊，这可是说好了的啊！

【楚子发母】

子发是战国时期的楚国大将，他母亲对他的教育非常严格。

收兵回营，明日再战！

有一次，子发指挥楚军和秦军交战。

速回国，请求大王派发粮草。

将军，粮草已经断了！

子发嘱咐士兵回国时顺便去自己家里探望一下母亲。

是！将军。

顺路去探望一下我的母亲吧。

楚王果断派人运送粮草，士兵又去探望子发的母亲。

老夫人！

我一切都好，前线的将士们怎么样？

军营里缺粮，士兵们只能一粒一粒地分豆子吃。

那你们的将军呢？他身体好吗？

将军每天早晚都吃好饭好肉，您放心吧！

哼！子发太不成器了！

老夫人，您这是为何生气啊？

你还是别问了，赶紧走吧！

对呀，他的儿子好好的，为什么生气呢？

子发打败了秦军，带领军队凯旋。

楚国胜啦！楚国胜啦！大将军威震四方！

母亲，开门啊！

老夫人不让开门，命我出来训责将军。

志得意满的子发回到家，却不料吃了闭门羹。

你没有听过越王勾践伐吴的故事吗？

听过啊。

39

有人送来美酒，大家共饮啊！

越王勾践得美酒，与士兵们同饮江水，虽然水里没有酒味了，但是士兵们的勇气增加了五倍。

这些干粮大家分着吃哈！

好哦！

越王勾践得干粮，分给军士们一起吃。虽然只有一点点食物，但是士兵们的斗志增加了十倍。

你们军队的士兵们分豆粒充饥，你却好酒好肉吃着，这是为什么？虽然赢得了战争，但并不值得骄傲！

这么一对比，格局真的就完全不同了呢！

你指挥士兵冲锋陷阵，而自己却高高在上地享乐，打了胜仗又如何？这可不是用兵的正道。《诗经》有云："好乐无荒，良士休休……"

什么意思？快说，关键时刻啊！

《诗经》上都说了，快乐而不荒废正事，贤人都高兴，做事不能失了分寸。

做完作业再去玩，快乐而不荒废正事，大家都高兴，做事不能没了分寸啊！

哇！变样了啊！看来子发母亲训子的故事没有白听啊！

漫画故事看完了，咱们出去玩吧！

41

万能家书

曾国藩教子

【教室】

童老师很生气，本来讨论家教的主题班会，愣是被丁壮壮和读优优恶搞成了搞笑会，她怎么能不生气呢！童老师心里默念起袁老师教她的控制脾气绝密心法，"不动心，只动脑！不动心，只动脑……"在默念了三百二十四次之后才压下了"将要爆发的火山"，"孩子都是好孩子，这家教的水平可真就是千差万别啊！"童老师笑着说："在我国的清朝有一个很了不起的人叫曾国藩，他是靠写一封又一封的信来劝诫自己的后辈，从而养成一种勤奋、节俭、自强的家风。"读优优坐在桌前眨巴着眼睛。

读优优眼睛瞪得大大的，问道："老师，写信真的有这么神奇的效果吗？"童老师很认真地说："当然啦，放在现在也一样的。"读优优和丁壮壮相视一笑。

> 老师，写信多老土啊，用手机发信息、打电话、视频通话不是来得更快吗？

> 写信可是经过深思熟虑的，比发短信、打电话郑重得多，并且还能留存下来。

下课后，读优优和丁壮壮一起跑了出去，各自买来一大包的信纸和信封，桌子上都堆满了。读优优下笔如有神般奋笔疾书："亲爱的老爸，您就像大海上的灯塔一样照亮我们家前进的方向，就像温暖的阳光一样照耀着我和妈妈……"丁壮壮一看马上心领神会，也有样学样写起来："亲爱的袁老师，您就像大海上的灯塔一样照亮我们班前进的方向……"

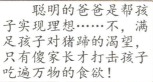

聪明的爸爸是帮孩子实现理想……不，满足孩子对猪蹄的渴望，只有傻家长才打击孩子吃遍万物的食欲！

爸爸，我知道，做爸爸需要勇气，我希望您在满足孩子那颗玩耍的心的同时胆子再大一些！

这两个家伙又在搞什么鬼把戏？！

【学校门口】

整整一天，两人写的信摞起来都快够到天花板了。

读优优和丁壮壮怀里各自抱着一大包信，摆出武打姿势背靠背蹲在走廊里，同时机警地探视四周。读优优首先发问："壮壮，你的信写好了？"

两人志得意满地笑笑，分头回家了。林萌萌望着两人的背影，无奈地摇摇头，叹息道："这两个人可真是天才！"

第二天一大早，林萌萌到了学校就开始找读优优和丁壮壮的身影，她可是一晚上都没睡好，就关心着他们的家书呢！

你们的家书怎么样啊？

家书写得太好了，我爸爸说看过老子训儿子的，没见过儿子训老子的家书呢！

文化小科普

曾国藩是晚清著名的大臣。

他组织创建了湘军，开展洋务运动。中国最早的现代化军工武器作坊安庆军械所，就是由曾国藩创办的。这是中国近现代机械工业的开始。

在曾国藩的倡议下，中国派出了第一批赴美留学生，建造了第一艘轮船，建立了第一所兵工学堂，印刷翻译了第一批西方书籍。他推动了古老中国与外界的交流。

曾国藩主张凡事要勤俭廉洁，不可为官自傲。他外出做官，源源不断地给家族中的亲友写信。这些信件后来被编辑成《曾国藩家书》。

读这些家书就能当官发财，有好吃的吗？

也能，也不能！

好好读书，是有可能；不好好读书，你是万万不能。

小古文

大处着眼，小处着手。
——曾国藩

曾国藩为什么要写那么多信？

就是放心不下。

随着镇压太平天国这场战争的结束，好多湘军将领从战场上捞了好多钱，回到湖南老家享受生活，湘军的战斗力也迅速地退化。

曾国藩害怕自己家族中的子弟经受不起诱惑，也和这些退伍将官一样贪图享乐，于是源源不断地往家里写信，告诫他们要勤俭持家，努力治学，睦邻友好，读书明理。

坚其志，苦其心，劳其力，事无大小，必有所成。

——曾国藩

众所周知，曾国藩喜欢写信劝导家人，给弟弟写信，给子侄们写信……

不行！我还是要劝弟弟几句。对了，还有件事要教导儿子。

你先看，我去去就来。

不许走，等等我！

谢过师爷，我兄弟一定谨遵教诲。

两位公子，老爷又寄信来啦！

这两个儿子也和我们一样，不愿意听老子训话啊！

儿子一样，可是爸爸差别就大喽，这就是家风家训家教！

咸丰十一年，两江总督曾国藩决定把总督府搬到安庆。

半路上，车队遇上了一群难民。

大家都让一让啊！

遇到灾民，没想到曾国藩拉上帘子根本不理。

去把二十两银子和这些干粮送给那些灾民，但不要说是我送的！

是！

我是过路的商人，这些东西送你们了。

老爷，我以商人的身份把东西全送给他们了。

办得好。

帮助别人而不让他们知道，是我最喜欢的方式。

大人，为什么当时不帮他们，而是过后再送去银两呢？

做好事不留名，曾国藩果然名不虚传。

今天黑板是读优优擦的，窗户是读优优擦的，倒在地上的拖把是读优优扶起来的。同学，你的桌子倒了，是我读优优扶起来的。

哼！做好事的人必须得到表扬，不然以后谁还做好事？

读优优，你再看看你，做点好事恨不能告诉全天下的人！

【后记】

为老师解忧

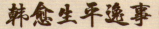

　　袁老师这几天情绪不高是毫无疑问的，因为上课的时候林萌萌都能感受得到，读优优当然也注意到了，不过不是讲课，是发型比较凌乱，衣服有些发皱。在读优优和林萌萌的指点下，丁壮壮才发现了不对。当童老师找到他们的时候，他们才知道内情，童老师看到袁老师状态不对，就想着帮帮他。

　　"竟然想帮我！那就帮我想想主意吧，我有一场国学公开课，你们说说我该怎么讲才好。"袁老师是好气又好笑，不过，灵机一动，确实把自己的烦恼说了出来。他也想看看自己这几个"得意弟子"有什么好主意。这几天，校长委派袁老师做代表去教育局讲一堂国学公开课。别看平时袁老师讲国学滔滔不绝，这一次反而紧张起来，着实把袁老师搞得心烦意乱呢！

　　"紧张能解决问题吗？如果能解决问题，我可是好紧张哦！"丁壮壮立刻对袁老师展开了批评。

　　"多学多问多思考，多听多写多动脑，日日自新有提高。"读优优把几年几班的流行语、口头禅、顺口溜一股脑地说了出来。

"勇敢，不要怕犯错，怕被批评，谁没被批评过呢？"林萌萌简直成了老师，"唐宋八大家写的诗照样受人批评呢，尤其是韩愈，写的诗现在还有争议呢！何况让您一堂课讲明白博大精深的国学，简直就是痴心妄想！"

林萌萌三人你一言我一语，一下子把袁老师给逗乐了，再想想即将到来的国学公开课，他似乎轻松了许多。

没有规矩，不成方圆。国有国法，家有家规，制定好的家训与家风是极其重要的。唐宋八大家之一的韩愈对此也是极为重视，并且给他儿子韩昶写了首劝学诗。韩昶小名曰符，在城南韩氏庄读书，于是韩愈创作了这首《符读书城南》。

符读书城南（节选）
韩愈

木之就规矩，在梓匠轮舆。
人之能为人，由腹有诗书。
诗书勤乃有，不勤腹空虚。
欲知学之力，贤愚同一初。
由其不能学，所入遂异闾。
两家各生子，提孩巧相如。
少长聚嬉戏，不殊同队鱼。
年至十二三，头角稍相疏。
二十渐乖张，清沟映污渠。
三十骨骼成，乃一龙一猪。
飞黄腾踏去，不能顾蟾蜍。
一为马前卒，鞭背生虫蛆。
一为公与相，潭潭府中居。
问之何因尔，学与不学欤。

小孩都非常聪明，像鱼群一样一起玩耍嬉戏，没什么大差别，到了十二三岁，个人的表现才稍稍有些不同，到了二十岁就是清水和泥塘的差别了，最后……

三十岁就是龙和猪的差别，这也太侮辱人了！

为啥差别这么大呢？就在于学与不学啊！

◎《古今贤文·劝学篇》

枯木逢春犹再发，人无两度再少年。不患老而无成，只怕幼儿不学。长江后浪推前浪，世上今人胜古人。若使年华虚度过，到老空留后悔心。有志不在年高，无志空长百岁。少壮不努力，老大徒伤悲。好好学习，天天向上。坚持不懈，久炼成钢。三百六十行，行行出状元。冰生于水而寒于水，青出于蓝而胜于蓝。书到用时方恨少，事非经过不知难。

身怕不动，脑怕不用。手越用越巧，脑越用越灵。三天打鱼，两天晒网，三心二意，一事无成。一日练，一日功，一日不练十日空。拳不离手，曲不离口。刀不磨要生锈，人不学要落后。书山有路勤为径，学海无涯苦作舟。师傅领进门，修行在自身。熟能生巧，业精于勤。

身怕不动，脑怕不用。韩愈说的很像顺口溜啊！

就是为了我们这些小学生好认好读啊！

你看这句，"三天打鱼，两天晒网""一事无成"，完全就是三二一，然后无成就是归零！

53

天行健，君子以自强不息，君子知命不惧日日自新！

韩愈是唐代文学家。父亲在他小时候就去世了，由兄长韩会将韩愈抚养成人。韩愈生活困苦，但他从小便刻苦读书。

不和你们聊了，我现在很忙，不是在赶考的路上，就是在学习和考试。

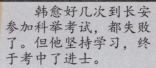

韩愈好几次到长安参加科举考试，都失败了。但他坚持学习，终于考中了进士。

我也很忙的，不是在吃好吃的，就是在赶往有好吃的的地方。

"好好学习，天天向上"说的就是这种进取的精神吧！

旱灾严重，庄稼颗粒无收，百姓已是流离失所啊！

真是一支笔就决定了灾民的命运啊！

韩大人误听了吧，旱灾实属个别现象，田地大都丰收，百姓安居乐业，我已呈报皇上啦！

韩愈仕途更是坎坷，通过甄选任职监察御史，但因地方旱灾上报而遭到陷害被贬。后来虽然屡次升迁，但又先后被贬为潮州刺史、镇州刺史等职。

这回知道这是谁写的了吧？盛名之下无虚士，八大家岂是白叫的？

哈哈，这首诗我会背啊！

最是一年春好处，绝胜烟柳满皇都。

仕途虽然屡遭变故，但是韩愈仍然笔耕不辍，留下众多名篇佳作，更留下了很多逸闻趣事。

鸟宿池边树，僧敲……僧推……月下门。到底是推还是敲呢？

算了，算了！

还不赶紧让开！

一次，韩愈为官巡城，刚好遇见沉迷于写诗的贾岛。

回避那是当然，可是到底是推还是敲呢？大人当有个说法。

哈哈，我以为用"敲"字为好。

哈哈，这就是"推敲"一词的由来啊！

于是，韩愈和贾岛两人并排骑着驴回家，一同议论作诗的方法，二人惺惺相惜，结下了深厚的友谊。

大胆鳄鱼，竟然敢为祸乡里，待我传书于你！

给鳄鱼写文章，鳄鱼认识字吗？

韩愈任职潮州刺史时，恶溪中有鳄鱼为害一方，把附近百姓的牲口都吃光了。韩愈写下了这篇《鳄鱼文》，劝诫鳄鱼搬迁。

本官与你约定，至多三天，务必率领那批丑类迁走，如果想做钉子户，可莫怪本官不客气！

哈哈，这个人是不是有毛病啊？

还是躲躲吧，不然毛笔变成刀可就不好玩了啊！

听过对牛弹琴，这一次来了一个给鳄鱼写信的！

写文章就能把鳄鱼赶走吗？真有那么神奇吗？

能不神奇吗？你想想啊，有韩愈这样的好官带领百姓，对付一条鳄鱼应该也不是多大的难事啊，鳄鱼敢不跑吗？

韩愈到潮州任职不久，就为当地消除了鳄鱼之患。

哇，一首诗就能让人变成神仙了！

我这只鹤怎么飞不起来啊？

传说八仙之一的韩湘子就是韩愈的侄孙。据历史考证，韩湘只是一个唐代走上仕途的官员而已，并非神通广大的韩湘子。只因韩愈诗《赠族侄》中提及有位懂得道术的族侄，而后流传开来。

书山有路勤为径，学海无涯苦作舟。

大点声！

韩愈深知自己有所成就，绝非只是全靠别人的提拔赏识，更多的是在于自己的坚持，才最终有了回报。

业精于勤，荒于嬉；行成于思，毁于随。

韩愈写有《师说》《进学解》等多篇劝学文，劝诫学生勤奋学习，做好自己，无须担心世上无伯乐，只需考虑如何让自己变优秀。

老先生，有人说，读万卷书，行万里路，不如阅人无数，不如名家指路。您怎么看呢？

问得妙，答得更妙！

名师指路不如自己悟，自己不成，一切都是浮云！

韩氏家祠

经常出现在韩愈家训诗中提及的儿子韩昶，读书刻苦，三十岁前就考中进士，比他父亲还早几年踏上仕途，此后更是一路攀升，官至四品。韩愈勤学苦读的家风家训，不仅直接影响了其子孙后代，更感染了当时和后世的无数学子。

韩愈老先生，您能给我们签个名吗？

你们要签名干什么？

嘿嘿，不告诉你！

没问题！

郑均劝兄

白衣尚书郑均

【办公室】

据联合国几年几班新闻署报道，备受同学们瞩目的王老师茶杯出现蜈蚣案终于被破获——读优优就是罪魁祸首。王老师气得躲在男厕里打了一套猴拳和一套螳螂拳后才暂时稳住了情绪，最后这事还得交给袁老师去解决，谁知袁老师也正为读优优不及格的成绩发愁呢，他眼睛骨碌一转，把丁壮壮和林萌萌叫到了办公室里。

> 好好学习有奖励哦！

> 好好学习，习惯就好了！

古代有一位名叫郑均的人通过劝诫的办法帮助哥哥做一个正直的人，我希望你们俩能学郑均的办法去帮助读优优。

林萌萌说："袁老师，您不是不知道读优优这个人又臭又硬，听不了劝。"

丁壮壮不高兴了，他说："读优优虽然有点调皮，但是他既聪明又勇敢，是个好学生。"

"这样吧！"袁老师说，"丁壮壮同学比较沉稳，你教导读优优不要太调皮；林萌萌同学热爱学习，你帮助他提高成绩。"

袁老师把读优优放到一个帮扶对象的位置上，林萌萌瞬间没了意见。

一个月之后，袁老师偷偷找两人询问进展。

> 你这是不是搞反了？

> 袁老师，这一个月时间里读优优教会了我游泳、抓泥鳅，还有爬树呢！

一次课后，袁老师神神秘秘地拉过丁壮壮，向他询问劝诫读优优的进展。

那个读优优不但不让我辅导他学习，还领我去野外扑蝴蝶、逮蛐蛐。那些蝴蝶真美丽，那些蛐蛐好有趣……

丁壮壮的脸瞬间红了，说："嘿嘿！读优优太会玩了！他一找我玩，我就把那些事给忘了！"

袁老师上上下下打量丁壮壮，说："不过，你最近倒是瘦了不少。"

"是吧？"丁壮壮说，"趁我学游泳和爬树的空当，读优优把我的零食全吃光了。"袁老师十分失望，放走了丁壮壮。

袁老师又把林萌萌叫到了办公室，还是询问关于劝诫引导读优优的事。

"林萌萌同学啊，我发现不但读优优最近的成绩没变化，你的成绩怎么还有点下滑呢？"袁老师问道。

林萌萌同学一脸委屈。

袁老师情绪有点激动，说："哎！我本来是让你俩去帮助他的，怎么不但人没帮成，你俩还被他带歪了呢？看来只能让我亲自出马啦！古有白衣尚书劝诫兄长，今有几年几班班主任拯救学生！"说完壮志满怀地去找读优优了。

放学了，读优优正连跑带颠地往校外走。袁老师突然追上来，一把抓住了正要出校门的读优优。袁老师得意地说："读优优同学，为了帮助你做一个正直的好学生，同时提高学习成绩，我决定亲自……"

"嘘……"读优优把食指放到嘴边暗示袁老师安静，他指指外面的湖泊，神神秘秘地对袁老师说，"袁老师，您知不知道丹顶鹤每隔一百多年才从这里经过一次？"

袁老师摇摇头。读优优领着袁老师鬼鬼祟祟地出了校门，林萌萌和丁壮壮站在后面面面相觑。这下，就连袁老师也跟着读优优走了。

这可是百年难得的好机会，跟我来……

◎ 白衣尚书郑均

郑均是东汉时的官员，他为官清正，深受皇帝的信任。郑均退休后，皇帝亲自到他家中拜访，并赐他尚书俸禄。

人们尊称郑均为白衣尚书。

东汉时有个机构叫尚书台，尚书台的最高长官是尚书令，主要负责协助皇帝处理各种政务，并发布各种公告，是权力最大的官员。

白衣不是指平民吗？其实在当时白衣还是一层衣服，是丧服。"白衣尚书"就是能享受俸禄一直到命终的一种别称。

古代官员，除了极少数有重大功劳的，一般退休后是没有工资的。像郑均这种领着最高级别的工资一直到死的，那可是非常难得的待遇。

◎家风对古代中国人的重要性

古代，中国人都是整个家族住在一起，那个时候，人口的流动比较小，大家基本上都是在自己家乡附近，很多人一辈子都没出过远门。

家风家规在当时，就好像一个家族的标签一样。

如果这个家族的风气很好，年轻人好好工作，用功学习，大家都愿意和这个家族的人打交道。要是这个家族能有一两名非常出众的年轻人，有一两个出名的孝子，那几乎就是在给家族打广告，让家族的标签变得亮闪闪。

家族的优良家风可以被传出很远，整个地区的人都知道这是一个优秀的家族。

以后，这个家族的人不管是出外上学、经商还是旅行，都将因为家族的标签而受到优待。

白衣尚书

东汉名臣郑均，人们称他白衣尚书，知道为什么吗？

当然是因为他喜欢穿白色衣服啦。

问题太简单了，我怀疑有诈！

皇上亲自看望啊，这郑均好大的面子啊！

叩谢皇上，劳您圣驾亲自探望，草民实不敢当啊！

为官清廉，敢于尽忠直言，大汉有此臣民，实是大汉之福啊！

前任尚书郑均虽为白衣百姓，但念其德行天下，特赐终身享受尚书的俸禄……

哦，原来是这样啊，白衣尚书的意思是他的身份已经是普通百姓，但是依然享受尚书的待遇。鼎鼎大名的李白都曾经写诗赞美他。

哈！那我就是未来的白衣……

好吧！好吧！

就是！

我要听故事，不要听诗！

汉朝时期，郑均（少年）的哥哥在县衙门里当了小官，常常收受人家送来的礼物。

哥哥回来了。

官爷！

有劳大人帮我疏通疏通。

好说，好说。

哥哥，你拿这些钱，迟早会害了自己呀！

没事，没事。

哥哥，你把这些来路不正的银子退回去吧！

少管闲事！

哥哥！

哼！

郑均的哥哥收受贿赂越来越大胆。

郑均去劝了哥哥好几次，可是他的哥哥不肯听。

【后记】

玩耍一时，愧疚一世。你看我，玩耍的时候也看书，这可是我的家风家训。

锻炼一时，强壮一世。你看我，听课的时候不忘锻炼，这可是我的家风家训。

糊涂一时，聪明一世。对于你们的小聪明我得装糊涂啊！

吃饭是每日所需，这个和家风无关啊！

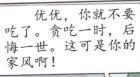

优优，你就不要吃了。贪吃一时，后悔一世。这可是你的家风啊！

引以为戒

【教室】

"前方高能，请大家都抬头不眨眼专心收看哦！"

同学们，一定要引以为戒啊，不要做一个懒惰的人！

分明刚扫完，怎么又脏了？

读优优嚷着让大家留心观看林萌萌拍的小视频。刚才大扫除的时候，他躲在角落里嗑了会儿瓜子，被林萌萌拍到了。不过读优优不仅不害怕，还准备抢占"几年几班热搜榜"呢。

这下可倒好，让本想放过读优优一次的林萌萌生气了。林萌萌很生气，后果当然很严重。她直接将"证据"交给了袁老师。袁老师说："大家要引以为戒，一定要引以为戒！"

当然要引以为戒，读优优说到做到，立刻"纠集"丁壮壮一起商议该如何"引以为戒"。读优优不仅将袁老师的话听进了左耳朵，并且在这些话跑出右耳朵之前，拦截下来放到了心上，还不忘文绉绉地总结出一句名言："引以为戒，莫以善小而不为，莫以恶小而为之！"

读优优当然想"纠集"多点人，不过，袁老师已经训话了，林萌萌又在旁边紧盯，这时候，他也只能纠集丁壮壮这一个铁兄铜弟了。

自习课收发习题册，未等林萌萌行动，读优优一下子蹿出来。终于发现这一次机会啊！丁壮壮第一时间悄悄通知所有同学，并许下一块"大白

B模式：

讲不讲课老师决定，听不听可是我自己的事儿！

A模式：

一定要引以为戒！

66

引以为戒，善小必为！萌萌，我帮你哦！

不要你帮忙，那是我应该干的！

配合完美！

兔"为诱饵，同学们纷纷将习题册放到了桌角。

"萌萌，你皱眉了，是身体不舒服吗？"读优优不等林萌萌回答，已经蹿了起来，嗖嗖嗖，挨桌将习题册收在一起，嘴里还不忘念叨着："萌萌，我替你收习题册哈！团结友爱，我应该做的！"

林萌萌站了起来，在后面追着读优优，嘴里喊着："不用你献殷勤！"

读优优在前面边跑边收习题册，林萌萌在后面紧追，这样在班级里转了一大圈，回到了原位。读优优来了一个急刹车，停在了林萌萌的书桌前，将习题册放在书桌上。林萌萌躲闪不及，撞在了他的身上。

袁老师的到来将这件事情暂停下来。上课的时候林萌萌竟然走神了，这可是几年几班的奇闻啊！丁壮壮心知肚明都是读优优"引以为戒"行动搞的鬼，可是读优优可不这么想，还要继续行动呢。

袁老师讲课一转向黑板，读优优立刻四处观望起来，林萌萌已经有前车之鉴了，哪能放过一丝一毫啊，她的头也跟着读优优的头转了起来，最终落在了班级号牌上。那是每天放学林萌萌在队伍前面举着的啊！林萌萌一下子惊慌起来，冲过去将班级后面的牌子拿在了手里。而就在这时，林萌萌愣在原地，她看见袁老师投来的目光，马上不好意思地低下头。

家戒！放学后在家里还要引以为戒？！袁老师的一句话将读优优等人都惊呆了，林萌萌反而惊喜起来。机会来了，这个读优优的引以为戒行动到了家里也不能停！看着读优优那苦瓜脸，林萌萌心里这个乐啊！那天晚上林萌萌半夜都乐醒了！

都怪读优优搞什么"引以为戒"帮倒忙！

我这也是按袁老师说的做啊！

引以为戒，你倒是活学活用，班级里能用，在家里还有家戒哦！

◎ 家训、家戒、家诫、家劝

家诫一般指欧阳修写给他二儿子欧阳奕的作品。有些古人的家诫直接以"家诫"为题，如三国王肃、唐代姚崇、宋代欧阳修等。有些不以《家诫》为名，但也是典型的家诫，这样的作品很多，著名的如马援的《诫兄子严、敦书》，诸葛亮的《诫子书》等。

家戒，还是家诫呢？这两个词是有区别的，一个强调戒律，一个更强调警告、劝告的意思。

对后代有话要说，就用诫；没话可说，写来就得执行的就是戒！

这两个字不同还真是个问题啊，幸好不是问我，不然就尴尬了呢！

哦，我明白！

有家风家训就好了，为什么还要弄出一个家戒来呢？家戒是更强调不能做，加重语气！

按袁老师的理解，家戒就是家训严格版，规定什么不能做，什么就是不能做，根本没有商量的余地。

家戒就是，作为后辈，对长辈的训诫，理解的就要执行，不理解的在执行中慢慢理解！听清楚了吗？

保证完成任务。

古今家戒叙（节选）
［宋］苏辙

小古文

老子曰："慈故能勇，俭故能广。"或曰："慈则安能勇？"曰："父母之于子也，爱之深，故其为之虑事也精。以深爱而行精虑，故其为之避害也速，而就利也果。此慈之所以能勇也。"

注释：

老子说："做到仁慈就能够勇敢，做到节俭就能够广大。"有人问："仁慈，怎么会变勇敢？"回答说："父母对子女，爱之既深，所以为他们考虑的事情很多也很深。因为深爱的情感所以才能够做到精深的思虑，所以他们为了保护子女躲避灾祸就很迅速，而为子女成就利益也十分果敢，这就是仁慈能够导致勇敢的原因。"

犯下如此罪责，证据确凿，还有何话说？还有你那班弟兄，如果再敢为非作歹，定当不饶！

我等知错了！

吕元膺是唐代非常有才华的官员。

你为何垂泪？

老母在堂，明天是大年初一却不能探望，以此为遗憾！

是啊，大人，想念家中老母啊！

大人使不得啊！

是啊，每逢佳节倍思亲啊！来人，解开枷锁放他们回家团聚！念你们孝心尚存，就允许你们回家好了！

你敢放我们回家？！

哼，身为官员，不好好办案，偷懒释放罪犯，这可是……大家要引以为戒啊，要是犯人跑了可不是好玩的！

你那是偷懒，不要侮辱了别人的智商！用仁慈对待真心悔改之人，带动其他犯人改过自新啊！那些不思悔改的人就会逃掉，自然也就格杀勿论了啊！

时间不短了，那些囚犯不会……

吕公如此仁义诚信，我虽为囚犯但也不会失信！

我用诚信待人，他们怎么会欺骗我呢？

其余不法之徒深感愧疚，都离开了蕲州。

吕元膺任洛阳留守时，有个门客经常到他府上陪自己下棋，并有意在其麾下当幕僚。这一天，二人下棋，吕元膺占了上风……

这……

仁兄，你如何破解啊？

吕公，公务要紧，我们还是改日再下吧。

大人，这是您今天要批的公文。

无妨，等我批完公文我们接着下。

引以为戒啊，勿以恶小而为之啊！

门客偷偷观察吕元膺，见他专注于批阅公文，偷偷更换了一枚棋子。

怎么会这样？

哈哈，承让！吕公，我告辞了，咱们改日再下。

我这里人浮于事，会耽误先生的前途，还是请另谋高就吧！

吕公，可否允许小人在您手下效力？

不久，门客来与吕元膺商谈谋职一事。

如此有才能，和吕公关系也很好，为什么不能给个一官半职呢？

门客离开之后，众人纷纷猜测他被拒绝的原因，但谁也不知道真实原因。

下棋作弊一下没什么吧？

问题大了，以小看大，见微知著，要引以为戒啊！

以后不许偷懒！

当然要引以为戒啊！

到晚年病危时，吕元膺把儿孙叫到跟前，才将这件事说了出来。

从一件小事上就能看出一个人的人品如何，我几次想说这件事，又担心那人听到这些话而悲切，但如果我不说，又担心你们将来会败在这种事上。

吕元膺看到门客作弊后，拒绝了他的求职请求，但是没有声张。这样既教训了对方，又保住了他的颜面。而吕元膺在临终前，还不忘借此事教育自己的后人。

73

言传身教

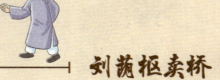

刘荫枢卖桥

校园门口八卦团又有大新闻了，读优优爸爸接读优优放学，不过这只是一个新鲜话题而已，关键是读优优爸爸的动作，简直……

这天放学，是读优优爸爸接的读优优，读优优一出校门拉着爸爸就要走，可是未料想，读优优爸爸拉着读优优走到了袁老师的跟前，郑重地给袁老师鞠了一躬，然后转头看着读优优。当时，袁老师愣住了，周围的同学们，包括读优优都愣住了。这是怎么了？转学、休学、请长假，还是什么？放学回家就是了，怎么搞得像某种仪式呢？

读优优也赶紧鞠躬。在放学的路上，读优优终于搞明白了爸爸行为怪异的原因。这是爸爸的言传身教，更是不言之教，这是爸爸在用自己的一言一行影响读优优而已。

给老师鞠躬敬礼，平时都是应该的，可是今天怎么感觉这么别扭呢？尤其是丁壮壮和林萌萌在旁边看着，读优优的身体就是弯不下去！

"以后，爸爸就要以身作则，言传身教，把咱家的家风给扭转过来！"读优优爸爸在路上得意地说着。读优优倒有些不知如何是好。

老师好！

这是怎么了，接学生放学咋鞠躬了呢？是有什么事，还是我哪里做错了？

今天爸爸这是干什么？

几年几班的班号就是读优优爸爸搞的，这次鞠了一躬又有什么大惊小怪的！

这放学给老师鞠躬还有些不习惯啦！

好你个读优优，看我怎么收拾你！

拜见老师，您辛苦啦！

林萌萌，你看什么啊？赶快鞠躬啊，尊师重教，爱护老师，难道只是说给我一个人的吗？

读优优爸爸为什么想到这么做呢？读优优是知道的，这是前几天的一次惊喜。

话说前几天的早上，读优优和爸爸过马路左右看的时候，读优优发现一位老爷爷就在附近。扶老爷爷过马路是他做好事的保留曲目，怎能放过呢？可是老爷爷不答应，"又是你小子，不用你扶啊！我不过马路，腿脚利落，并且我家不在路那边！"他是领教过读优优的招数了，现在不配合啦！

> 就你们父子啊，扶我这个老爷爷过马路。明明不过马路，非得要扶着过去啊！言传身教？我不是过马路！你小子见到我就希望我过马路是不是啊？

> 过马路，需要扶，必须扶！

> 我这是做好事帮助人！

"你是他爸爸吧？"读优优爸爸想躲已经来不及了，被老爷爷认出来了。"你小时候也是这样，真是言传身教啊，把我老头子当成重点帮扶对象了啊！"读优优彻底呆若木鸡，原来爸爸小时候也这么干啊！

从那天起，读优优感觉爸爸就变了，开始真的言传身教了。

读优优爸爸手机游戏不打了，可是一会儿拿起手机看看，一会儿又咬牙切齿地放下……

读优优爸爸饭后也不四仰八叉随便躺了，板板正正地坐在沙发上，来了一个坐如钟……

读优优爸爸竟然主动洗起了衣服，有洗衣机不用，直接手洗，咔咔，声音大着呢……

> 以身作则，言传身教……今天我不看手机，不刷视频！……今天我不看电视……看书看不进去啊……喝酒肯定是不行啊……

> 爸爸，你都把我晃晕啦！

> 没事就洗衣服去，晃来晃去碍事！

最后读优优爸爸累了，竟然拿起一本《孙子兵法》看了起来……

读优优彻底晕了，往日自由自在的生活看来要结束了。不成，读优优也得研究《孙子兵法》应对呀，既然爸爸言传身教，儿子也得有所准备啊！

◎ 家风家训过时吗？

这些以前的东西，早就过时了，还有学习的必要吗？

我们可以集中看看。

《朱子家训》和曾国藩的家训中都非常看重一个"勤"字。这个"勤"字不仅包括勤学苦读，也包括勤劳干活，如平时要收拾自己的屋子等方面。

相信你们的妈妈平时也没少拎着你们的耳朵吩咐，要用功读书，做完功课把书桌收拾整齐，把屋子收拾干净。

不过妈妈可能没有老先生那么好的文采，把她的要求写成严谨的古文。

你还敢说家风家训中的"勤"过时吗？

家训第七条，餐桌礼仪，吃东西不要吧唧嘴！

说文解字

言传身教

言传：用言语讲解、传授；身教：以行动示范。

出自《庄子·天道》："语之所贵者意也，意有所随。意之所随者，不可言传也。"

除了学习，这些家训家风中还包括大量道德修养的内容。比如说要谦虚懂礼貌，对待他人要谦和，别和林萌萌一样老是一副盛气凌人的样子。

可以说，这些内容平时爸爸妈妈也没少要求我们。

我们中华民族的文明是一脉相承的，中国人对礼仪道德的理解，也是代代相通的，所以这些老旧的规矩，爸爸妈妈还会常常用来要求我们。

所以说，家风家训是不会过时的，更何况古人已经用这些教育出了许多优秀的孩子，我们也没有理由把这些优秀的教育理念抛到一边。

我们在遵守家训的时候，一定要提醒爸爸妈妈，小孩要乖乖地听话，他们大人也得以身作则。如果他们自己都遵守不了，那凭什么要求我们孩子，对吧？

君子讷于言而敏于行，就是少说话，行动是最有力的语言！这就是我们的家训之一，赶快记下来！

爸爸你说得太对了！只要妈妈不反对，你永远都是对的。

小古文

长幼内外，宜法肃辞严。

——《朱子家训》

释义：一个家庭要有严正的规矩，长辈对晚辈言辞应庄重。

【刘荫枢卖桥】

陕西省韩城市有一座毓秀桥，横跨濠水之上，为清朝康熙年间韩城邑人、贵州巡抚刘荫枢出资所建。

发水了，快跑！

刘荫枢（1637—1723），清朝大臣，是陕西韩城潭马村人。他年幼时，韩城县多山多水多沟壑且交通不便，濠水河上仅有一座浮桥。

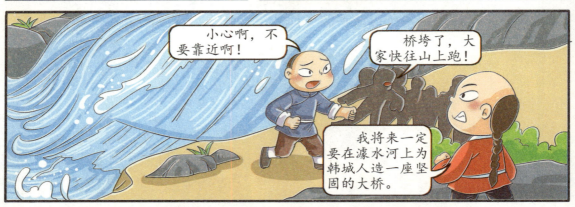

小心啊，不要靠近啊！

桥垮了，大家快往山上跑！

我将来一定要在濠水河上为韩城人造一座坚固的大桥。

交通不便，需要治水啊！

刘荫枢考中举人后，赶赴云南为官，治理当地水患。

大家干起来啊！

大人，您不必动手，还是歇息吧！

刘荫枢看到当地民众受灾之惨状，克服无钱、无人等各种困难，毅然动工治理。

不忘初心说的就是这个意思吧！

关键时刻你还是才思如泉涌啊！

刘荫枢为官清廉爱民，更不忘为家乡造桥的事，每次回乡探亲，都要到濠水河边看看。

为啥我只能做衙役啊？我也想当官体验一下！

就你这腐败的肚子不得把建桥的钱给吃了啊！

他用尽积蓄，亲自设计图纸，并注明施工的具体要求，历时五年，修成大桥，取名"毓秀桥"。

多亏刘大人建了这座桥啊！

少小离家老大回啊……

刘大人，家乡父老时刻记着您的恩情啊！

父亲，您告老还乡，坐在这桥头，只要从每个人手中收一枚铜钱，也就吃穿享用不尽了！

唉！我虽一身清白，但忽视了对你们的教育啊！

哥哥说得对，您当了一辈子官，我们却没沾到一点光，这次也该照顾一下我们啊！

我造桥是为了家乡的父老，现在我想把这座桥卖给百姓，方便他们出行。历史上有许多人在做官时极力敛财，导致了自己的儿孙们骄奢淫逸，许多都堕落成了纨绔子弟，这是我不愿看到的啊！我想把桥卖掉！

什么？卖掉？

温和的公主

温公家范

【教室】

"坏人极品排行榜，蝉联冠军得主——读优优！"林萌萌的排行榜一公布，立刻吸引了同学们的眼球。

读优优对名次还是很满意的，还想着拿冠军奖品呢！

"我是坏人极品，你就是暴君榜上第一名！"读优优一下子就惹火了林萌萌，她气呼呼地起身就要打读优优。

读优优对付林萌萌的这种紧追不舍已是轻车熟路，反应快着呢，站起转身双脚紧跑，动作一气呵成，直接躲了出去。

"你们这么闹，都打扰到人家睡午觉呢！"丁壮壮一边抱怨着一边从书包里摸出一根腊肠，一边吃着一边看起了好戏。

"出门撞到……"读优优愣是把后面的字吞了回去，眼前赫然站着袁老师，赶紧脚下来了一个急刹车，"袁老师，好！"还没等读优优说完，身后的"暴龙"撞在了他身上，将他"送"进了袁老师的怀里，真应了那句成语——投怀送抱。

　　袁老师的脸色都变了！他可是同学们公认的好脾气好说话的杰出代表，他的脸色都变了，可想而知：事情很糟糕，后果很严重！

　　"……读优优，有一个大优点是值得肯定的啊！就是脾气好，无论你怎么批评，都是一副好脾气！"袁老师说了一大通话，读优优就记住了这句夸奖的话，这是他好脾气的秘诀所在，什么都只听好的，只往好处想。

　　林萌萌就傻眼了，本以为袁老师会批评读优优，结果……

　　"袁老师，太不公平了，难道我脾气不好？我也是很温和的……公主！"林萌萌想着为自己正名呢。

　　"嗯，温和的公主，简称温公……"读优优想着，暗笑起来。

幸会温公，这是我写的《温公家范》，还请温和的公主——温公指教啊！

快来见过真正的温公——司马光！

这是几年几班的温和的公主，简称温公！

　　我也为我自己正名！林萌萌一副公主范走起的状态，可是刚出门，就来了当头一球！

　　从操场飞来的球正砸在林萌萌的头上，直把林萌萌砸得脑袋里如同发生了宇宙大爆炸，满眼都是小星星。林萌萌内心休眠的暴龙苏醒了……双眼扫射，简直就是要喷火……

　　旁边的读优优就等着看林萌萌的表情："温和的公主，温公，有火你就尽管随地发吧！"

　　啊！对呀，这是天降大任于我，用球来考验我呢，我不上当！林萌萌将自己的脸愣是挤成了一个笑脸："哼，我这好脾气怎么会发火呢！何况他们又不是故意的！"

果然是名副其实的温公！

不生气！

嘀嗒

《温公家范》的作者是司马光，他是北宋时期的大臣。

对，就是你知道的那个砸破了缸、救出小伙伴的司马光。不过那是他小时候的事，长大后，司马光参加了科举考试，当了大官，还编写了著名的史书《资治通鉴》。

司马光写的家训，不应该叫司马家训吗？这个温公又是怎么回事？

司马光死后，皇帝给了他一个温国公的称号，后来人们尊称他为温公，司马家训自然也就变成了温公家范。

您是温公，她也是温公，为什么做人的差距这么大呢？

优优同学这个问题问得好，看了这本有我签名的《温公家范》，差别就不大了啊！

别总是揪着不放啊！

过故洛阳城

[宋代] 司马光

烟愁雨啸黍华生，宫阙簪裳旧帝京。

若问古今兴废事，请君只看洛阳城。

《温公家范》简介：

　　司马光是著名的历史学家，他写的家训当然不一样了。司马光的家训不仅大量引用了孔子、孟子、庄子等经典，而且他还举了历史上很多名人的例子，用这些人的故事来教育后代。

　　《温公家范》全书共10卷，19篇，好几万字。司马光认为，这部书比他耗尽精力写的《资治通鉴》还重要呢，小朋友如果有机会，一定要找来好好读一读，看看它到底有什么奇妙的地方。

治家者必以礼为先！要学会讲理！

以理服人，而不是以脾气压人！

古之欲明明德于天下者，先治其国；欲治其国者，先齐其家；欲齐其家者，先修其身。

——《大学》

司马光生性不喜华靡，素以俭朴自守。在洛阳编修《资治通鉴》时，他住在城郊西北的一个小巷中……

朝天阁

王家钻天
司马入地！

哈哈，地下实为避暑好地方啊！

秀才，是不是换一个宅院为好？

我看这儿就很好！

司马光可是大官，秀才是老仆人的专属称谓。

一句话就看出差别来了！

多艰苦啊！

大人，这是皇上给您的赏赐！

愧不敢当，还请大人将礼金带回去。

既然如此，那就收下，分给乡邻，接济亲友吧，自家分文不留！

司马光为官40年，仅有薄田三顷，所得薪俸大多接济了穷人。

漏残余一榻，曾不为黄金。

朕赐于你的，一定要收下！

您这再三推辞，可怜我这跑断了腿啊！

臣愧不敢当，还请收回成命！

秀才这个称谓对司马大人很是不恭，应该改称"大参相公"。

苏大人，秀才有请！

大参相公，苏大人来访！

哈哈，好好一个仆人，被苏大人教坏了啊！贤者居世，会当履义蹈仁，以德自显，区区外名何足传邪！

萌萌同学，快翻译翻译！

哈哈，欢迎苏大人光临寒舍啊！

学霸此等区区外名何足传邪！

对哈，萌萌同学得向司马光学习呀，不要老记着学霸这回事啊！

就是希望家人不要太在意身份，不要变得世俗、势利！

林萌萌的家范

写给我们的家范？！

你也要来一本家范吗？

什么？我们来做？你是写给我和优优的？

对呀，就是给你们写的……上课不能睡懒觉，不能吃零食……

对呀，修身齐家，你们一定要按照家范的内容来做啊！

当然有关系啦，你们得严格照做！你们做好了我就不会发脾气了啊！

对呀！上课不能挤眉弄眼，不能恶作剧，不能……

我们又不是一家的，和我们有什么关系啊？

怎么会这样啊！我找司马光说理去！

不然，我就发脾气啦！

89

读优优的厚颜无耻

司马懿教子

公园里，小伙伴们各自支着画架都在画画呢。林萌萌却一直在读优优耳边搅和，说他画的哪里是鸽子啊，比河马都胖，比鸵鸟都呆，简直是糟蹋绘画材料。"哦，竟然被你看出这么多优点来，谢谢你的夸奖，不然我都不知道！"读优优竟然毫不在意。林萌萌也是彻底无语了，见过厚颜无耻的，但是像读优优这样厚颜无耻的也是"仅此一家，别无分店"啊。

> 这是笑对人生，这可是我家的家风家训！

> 穷，不读书，穷根难断……这可是我贡献的金句哦！

> 请问优优同学，把批评当夸奖，如此厚颜无耻，你是如何做到的？

读优优不小心碰倒了自己的画架，一盒几十种的颜料扣了上去，他本来画的鸽子不见了，这会儿变成了一个很奇怪的彩色图案。大家围着那个图案转来转去地看，最后竟然是丁壮壮第一个看出了眉目，他说："呀！这不就是一只大公鸡吗？"

等读优优给那堆颜料添上眼睛、嘴和爪子，

> 有野兽派的狂放，有抽象派的写意，更有印象派的韵味，真是太好啦！

评委

> 嘿嘿，您说得太好了，比我画的还好！

一只活灵活现的五彩大公鸡顿时呈现在众人眼前。大家不禁发出"哇！这只大公鸡太漂亮啦！"的感慨声。读优优抱起这张画就去参加本区儿童组的绘画比赛了，谁知竟然得了第一名。

这一边读优优得了第一名，另一边林萌萌可就不高兴了！

"你哭了吗？你真的哭了吗？你真的真的哭了？"丁壮壮一下子看见了林萌萌的反应，林萌萌竟然流泪了。学霸流泪可实在是个大新闻啊！幸亏丁壮壮没有大声喊，只是悄声地问林萌萌，并且大声喊好像也有些对不住林萌萌啊，毕竟他们是总在一起打打闹闹的好朋友。

那天晚饭的时候，读优优将得奖的事情郑重地向爸爸妈妈宣布，爸爸妈妈立刻要给读优优加餐！

"哇，咱们优优真厉害啊，晚上加餐！"爸爸妈妈也是难得高兴一回啊！

"你知道吗？袁老师还问我为什么……啊呜……为什么表现这么好呢！"

"看你，慢点吃，吃完了再说话。"

"你怎么回答老师的啊？""我回答得特干脆，直接就说咱们是祖传秘方家风家教好，哈，一夸夸全家！"

啊？！读优优爸爸妈妈顿时愣住了，这个读优优哪壶不开提哪壶，万一老师打电话让去学校做报告可咋办啊！

◎ 为什么家风里，那么注重道德？

几乎所有的家风家训都提到，要做一个道德高尚的人。

道德又不能打分，真的那么重要吗？我们可以看看司马懿的例子。

司马懿虽然是三国的大赢家，但很多人都看不起他。这个人的道德确实谈不上高尚。他发动高平陵事变时，控制了京都洛阳。他的对手曹爽和当时的皇帝曹芳在一起。

司马懿派人写信给曹爽，只要他肯投降，司马懿就保他一辈子的荣华富贵。迫于无奈，曹爽最后只能投降。

92

没想到司马懿却翻脸不认账，把曹爽和曹芳都控制起来，几个月后，随便找个借口，将他们全杀了。

后来司马家结束了三国乱世，司马懿的孙子司马炎建立西晋。表面看，司马家族是胜利者，可是很多人却认为司马家的皇位是抢来的，得国不正。不少能人贤士隐居起来，不肯出来做官，为司马家族服务。

司马炎也害怕自己的皇位再被抢走，不敢相信外姓的官员，把司马家的子侄封到各地当王爷。

结果后来这些王爷为了抢皇位，先后起兵，史称八王之乱。战乱搞得民不聊生，国力衰败，没过多久，北方少数民族入侵，西晋灭亡。

小古文

故天将降大任于是人也，必先苦其心志，劳其筋骨，饿其体肤，空乏其身，行拂乱其所为，所以动心忍性，曾益其所不能。

——《孟子》

释义：所以上天要把重任降临在某人的身上，一定先要使他心意苦恼、筋骨劳累，使他忍饥挨饿，使他身处贫困之中，使他的每一行动都不如意，这样来激励他的心志，使他性情坚忍，增加他所不具备的能力。

【司马懿教子】

三国争霸时期，司马家族能够坚持到最后，成功将三国合一，开创了西晋。这跟他的当家人司马懿超高的忍耐力有着极大的关系。

嘿嘿，三国英雄演绎三足鼎立，最后终归于我族啊！

司马懿

看这司马懿能忍到何时？

缩头乌龟，胆小鬼！

都督，末将请求出战！

骂几句又如何？累了他们就不骂啦！

司马懿的忍耐力超强，曾跟诸葛亮率领的蜀军对峙一百多天都不出战。

缩头龟，爷爷在此等你，快来给爷爷捶捶背！

实在是太嚣张了！

闭门不出，讨战者一律治罪！

这个司马懿倒是忍得住，看来得来一个激将法啦，替我送一件礼物给司马懿好啦！

得令！

这可是在羞辱你啊，这都能忍！

哈哈，替我谢谢诸葛先生，蛮漂亮的啊！

送人女装，这在古代对一个将军来说是奇耻大辱，司马懿依然能够隐忍不出，硬是拖到诸葛亮病逝。

鸡肠鼠肚，连几句恶语都容他不下，如何成得大器？！

任何打击和过往经历都是你成长进步的阶梯，你比司马懿也不差啊！

又没有人说恶语，我哪知道受不受得了啊？

丞相过奖了，只是在下病魔缠身，实不能担此重任啊！

宁可我负人，勿叫人负我……司马懿，你是人中翘楚，理当入仕做官辅佐大魏啊！

属下前去查看！

在战场对阵诸葛亮要忍，在魏国内部面对多疑的曹操更要忍！因为他知道曹操为人，曹操一方面想用司马懿，另一方面也在找机会除掉司马懿。

司马懿鹰视狼顾，久必成大患，你前去查看，如果装病就除掉他！

上午好好的，怎么就病了！

病已多日了啊，只是硬撑啊！

司马懿早有洞察，所以事事隐忍，从不露出一点破绽。

司马懿，你的死期到了。

我已是重病在身，实在无须您动手啊！

谨遵丞相之命。

本丞相岂能有此能人而不用？司马懿，难道你不担心你全家老小的安危吗？

司马懿小心应对曹操，慢慢积蓄自己的实力。在曹操死了之后，司马懿在曹营当中周旋，最终取得了大都督曹爽（曹操之孙，其父是曹操的养子曹真）的信任。

曹氏用人唯亲，为祸国家，人人得而诛之！

司马懿趁曹爽不在洛阳城的时候发动了兵变，并且仅用三千死士就控制住了京师，掌控了权力，走上魏国军权的顶端，当了丞相。

当时，司马家父子司马懿与司马昭、司马师三人同理国事。

我抗议，我才不是阴谋家司马懿呢！

抗议

你还抗议呢，把你比作名留史册的人物司马懿，那是在抬举你呢！

谁说你是司马懿了？说的是司马懿在逆境中仍能保持清醒，克服困难，实现自己的抱负。

优优你充满正能量啊！阴谋家司马懿，正能量读优优，这样就很通顺啊！

嗯，这么说好听多了！

原来读优优也爱听好话，不是什么话都能听得进去啊！

97

琅琊王氏再传弟子

"狼……邪……毛……式……"童老师趴在讲桌上把白纸黑字转了好几圈，勉强读着毛笔字，"这写的什么啊，读优优！"全班同学一起盯着读优优，读优优头昂得高高的，难得受到关注，当然要抖擞精神应对："老师，你读错了，不是狼邪毛式，而是琅琊王氏！"同学们立刻哄笑起来，童老师立刻闹了个大红脸，赶忙心里暗念"不生气，人要宽容有亲和力"十八遍，终于把立起的柳叶眉理顺了，然后满不在乎地说道："哎呀，那你写字的时候认真一点啊，你这字写得比甲骨文还难认。"

"琅琊王氏就是王羲之和王献之父子，书法家，我就是琅琊王氏的隔28代

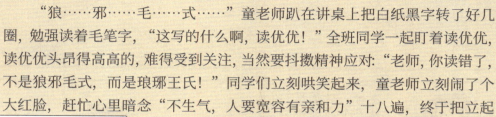

> 我看你是武侠剧看多了吧？搞什么草上飞穿云纵！

> 琅琊王氏？歪歪扭扭的，谁认得呢！

数百年的再传弟子！"读优优真是豪气冲天啊！

童老师鼻子都要气歪了，说："人家王献之写的是行书，要的就是行云流水的感觉。"

"就你这鸡爪花体还想跟王氏父子比，不知羞？！"林萌萌插嘴道，"老师，读优优想说自己写的是飞书。"

读优优一拍大腿，说："嘿！知我者林萌萌也。"

也是难为童老师了。袁老师临时请假，

> 二位书法前辈，您看读优优这字如何？

> 吾儿前半句评语所言极是，我非常同意；吾儿后半句所言也极是，我也非常同意！

> 二位前辈的夸奖我记下了，回去就写成书法给大家看看！

> 写得真是不错……就是不能说琅琊王氏的名号啊！

本大师写字可是一字千金，并且这还是兄弟友情最低折扣价啊！

优优大师，您悠着点啊，这是多少个字啊，我可没那么多钱啊！

大师的字不仅不认识，价格还贵得离谱，上哪儿说理去呢！

让她盯一次书法课，本以为会很容易，结果好端端的书法课被读优优变成了个人书法秀，同学们也都跟炸了窝似的，真是让人头疼。

"童老师，别听林萌萌的，我的飞书就是行云流水一般在飞的字。"读优优一边说着，一边还展开双臂像翅膀一样摆动起来，"瞧见没？多轻盈啊，多潇洒啊……"

"古人认为一个人写的字就像他本人的脸面，展现了书写者的气度、精神和修养。如果字都写不好，会被人看扁的。"童老师干脆摆出了横眉冷对的表情。

可是读优优已经完全放飞自我，得意地说："如果我能像王献之一样成为书法家，肯定是一字千金并且还难求得啊！"

读优优幻想自己成为大明星，走到哪里都是麦克风和摄像机。他对童老师充满感激地说："老师，要是有一天我成了大明星，第一个给您签名。"

林萌萌逮着机会悄悄对读优优说："你字写好了，会跟广场上练字的大爷一样受欢迎的。"

读优优的心情如同从云端失足掉下坠入深渊一般，尴尬地说："老师，我开玩笑呢！我才不稀罕写那么好的字呢，现在都是电脑打字了，谁还写字啊？"

童老师佯装生气地一撇嘴，说："就算不靠写字为生了，古人勤奋刻苦的精神也应该继承和发扬下去才对啊！"

我这练的不是字，是境界啊！

你这境界挺高啊，错别字都写得有模有样啊！

文化小科普

◎ 家训不是成功学

　　喜欢读古代诗词的小朋友一定知道苏东坡这个人。他不仅诗词写得好，而且懂得享受生活，通美食，会做菜。

　　后人一直认为，苏东坡的成功，与他的父亲苏洵有很大关系。

　　苏洵从小就是天才，他靠着自己的聪明，读书也不肯下苦功夫。可就是这样，他也受到身边朋友的追捧，没办法，即便他不用功，文章也比一般人写得好。

　　可是在科举考场上，聪明的苏洵却连着好几次落第。直到27岁时，他终于想明白了，是这些小聪明害了自己。

受到刺激后，苏洵洗心革面。他烧掉从前的文稿，关起门来潜心读书写文章，苏东坡的母亲承担了所有家庭事务，还卖掉唯一值钱的首饰补贴家用。

苏洵不仅自己学习，还带着两个孩子一起用功，他既读科举考试用到的经典教材，又读那些不需要考试的书，把苏轼、苏辙培养得博学多才。

后来苏洵带着苏轼、苏辙进京赶考，虽然他自己没参加考试，苏家兄弟却同时高中，轰动天下。

好书法。

王羲之，字逸少，东晋时期著名书法家，有"书圣"之称，琅琊（今属山东临沂）人，后迁会稽山阴（今浙江绍兴），晚年隐居剡县金庭。王羲之代表作《兰亭集序》被誉为"天下第一行书"。

客官，买竹扇吗？

老人家，你这竹扇上没画也没字，当然卖不出去。我给你题上字吧！

时空穿梭，在你最需要的时候，我就会出现！

王羲之不但精通书法，还担任过刺史、会稽内史、领右将军等职，这为他的性格融入了强悍铁血的一面。

这字看着有点潦草啊！

告诉买扇的人，说上面是王右军写的字就可以！

婆婆，如果连王羲之的字都没听过，那你就说是读优优推荐的也可以！

王羲之的书法出名之后，许多人都以得到他的字为荣，连京城里的大官、地方上的豪富都争相求他的墨宝，也流传下了很多趣闻佳话。

我喜欢这些鹅，可以把它们卖给我吗？

您喜欢这些鹅，可以用字来换！

好，准备笔墨纸砚，现在就书写！

恳请您替敝观书写一卷《道德经》。若右军大人肯屈就，那么这群鹅全都归您了。

王羲之为道观书写的《道德经》，后人称之为《换鹅帖》，是王羲之仅次于《兰亭集序》的第二杰作。

有一年春天，王羲之请了许多亲朋好友，来到会稽兰渚山麓的兰亭聚会。

好啊！

我们就来一次"曲水流觞"助兴，如何啊？

众人在一条小溪边，玩起了"曲水流觞"的游戏。当盘子流经哪个人身边时，哪个人就得赶快作一首诗，作不出诗，就得罚酒三杯。

盛情难却，我就作个序吧！

为纪念这次聚会，大家把这些诗收编成册，取名《兰亭集》，并由王羲之写序。于是，王羲之写出了被誉为"天下第一行书"的三百二十四个字的《兰亭集序》。

……暮春之初，会于会稽山阴之兰亭……

书圣王羲之的第七个儿子叫王献之。王献之自幼聪明好学，在书法上专攻草书和隶书，也善画画。他七八岁时始学书法，师承父亲。

父亲，您这是干什么？

笔抽不出，心无旁骛。笔握得牢，手下有劲。嗯，吾儿一定能够练出一手好字！

贤侄书法大有长进，在我这纸扇上题个字吧！

这还不简单！

尴尬了吧！看来这大书法家小时候做事也不靠谱啊！

书法家可不是天生的，本事是一点点练就的！

书画一体双绝，妙啊！

嘿嘿！

还妙呢，看你父亲的脸色都变了！

献之，你过来！

父亲，这些大缸……

一缸水能装满一千二百个砚台，一天能用掉七个砚台墨汁，一缸水能用多少天呢……林萌萌，快来啊，脑细胞不够用了啊！

写完院里这十八缸水，你的字才会有筋有骨，有血有肉，才会站得直立得稳。

我只要再写上三年就行了吧？五年总行了吧？

做难事必有所得！

没想到，练书法也是很苦的啊！

父亲，这个字写得如何？

这个还不错！

母亲，您看孩儿写得如何？

吾儿磨尽三缸水，唯有一点似羲之。

这是用尽三缸水的成果哦！

王献之终于认清不足，遵从父亲的嘱咐，坚持不懈地勤学苦练，写干了十八缸水，继承了勤勉承艺、谦虚谨慎的家风，终于攀登上了书法艺术的高峰。

【后记】

突如其来的家庭会议

有没有可能是谁的生日、纪念日或重要节日呢？

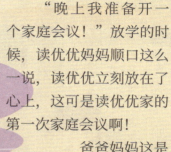

小心为妙啊，五六挨着七，八九不离十啊，没准就是一个批评与自我批评大会呢！

唉，家庭会议这么神秘！

"晚上我准备开一个家庭会议！"放学的时候，读优优妈妈顺口这么一说，读优优立刻放在了心上，这可是读优优家的第一次家庭会议啊！

爸爸妈妈这是要干什么啊！大人也太不省心了啊！俗语老话顺口溜说得好啊，"事出必有因"，"事出反常必有妖"！读优优赶忙第一时间召集了丁壮壮前来商议，林萌萌看到两人挺神秘的，赶忙也凑了过来。

"家庭会议第一次……"丁壮壮也是一头雾水。

离婚？！林萌萌第一时间说出了这个想法。他们也知道，现在的成年人都太不踏实了，动不动就离婚，班里面的同学爸妈离婚的都有好几对呢。

辞职？！爸爸工作也很累的，有时候念叨着辞职不干了，虽然不能理解爸爸的心情，可是和不想读书是一样的吧！学习是终身的事情，工作也是终身的事情！

生病？！给爷爷奶奶第一时间打了电话……一切安好，谢天谢地。

这一系列行动准备下来，读优优安心了不少，至少不管开什么会议，都是只有惊喜，而不是惊吓。做好最坏的打算，往最好去努力！

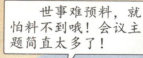

世事难预料，就怕料不到哦！会议主题简直太多了！

现在的爸爸妈妈真不省心，还说我们呢，总拿咱们当小孩！

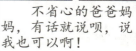

不省心的爸爸妈妈，有话就说呗，说我也可以啊！

"这一阵子优优你总说家风家训的，搞得爸爸妈妈最近也很紧张，不过我们这一块真的很薄弱，所以……"

读优优彻底呆住了，原来就是这么简单的一件"小事"啊，不，

这个小子又考砸了？不会是进步了吧？看这么神经兮兮的！

爸爸，您有委屈和痛苦可以向我倾诉，男儿有泪尽管弹啊！

这个小子搞什么鬼？

有什么想不开的您就尽管说吧！女人是水做的，你就尽情哭吧！

是大事，爸爸妈妈说的就是大事，是最重要的事！读优优的心情立刻轻松起来，如同苏东坡的诗里面写的那样："回首向来萧瑟处，归去，也无风雨也无晴。"苏东坡当然也有很多家风家训方面的事迹呢，刚好表现一下。读优优发挥了主动性，给爸爸妈妈来了一场个人脱口秀呢！

"爸爸妈妈要我们做的就是最好的安排，我们要做的就是青出于蓝而胜于蓝，继承好的，超越已有的，遇到困难要百折不挠苏东坡一下。"

"苏东坡是百折不挠吗？"

"八大家里还有这个人物？不是风花雪月式的人物吗？"

这两个不省心的爸爸妈妈啊！

好儿子，再深入讲讲家风对家庭的影响，也好趁机给爸爸争取一些权益啊！

你个臭小子，不讲家风家训，讲什么夫妻和谐，随你爸，看来得及时教育啊……

家风家训当然非常有必要，不仅影响孩子，对家庭和睦也是非常重要的……我还是给你们讲讲苏东坡百折不挠的故事吧！

因家风而吵成了一团，读优优心里那个美啊！不是离婚，不是辞职，不是生病，家风这个事情还不好办？现在的读优优已经是家风的专家了！

文化小科普

古时中国人聚族而居，人口比较多，非常重视家风，团结人心，形成良好的家族风气。人们一方面强调继承，向古圣先贤学习，另一方面努力做好自己，成为新一代的典范。

风，取的是"上以风化下，下以风刺上"意义，就是人们高尚的德行影响教化别人，他人也以此严格自律。

这里的风，不是大风、微风、暴风，更不是东南西北风，而是家族的风气……

等着吧，下课还得给咱们留家庭作业呢！

我记得是家庭会议啊，怎么变成老师给学生上课了呢？拖堂严重，影响吃饭啊！

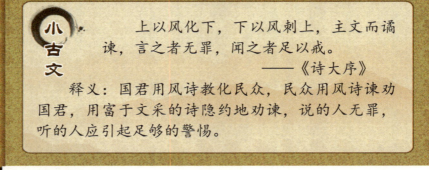

小古文

上以风化下，下以风刺上，主文而谲谏，言之者无罪，闻之者足以戒。

——《诗大序》

释义：国君用风诗教化民众，民众用风诗谏劝国君，用富于文采的诗隐约地劝谏，说的人无罪，听的人应引起足够的警惕。

提倡家风是一件有意义的事

学习古圣先贤的教诲，

向圣贤学习，是一种无言的教育，更是一种道德力量！

生活中，言谈举止中就投射着家风家训……

超越时间的积累……

超越时间的践行……

这就是传说中的苏轼苏东坡。

明月几时有？把酒问青天。不知天上宫阙，今夕是何年。……

苏轼，号东坡居士，眉州眉山（今四川省眉山市）人，北宋文学家、书法家、美食家。

妈妈，我如果做个像范滂那样的人，您会同意吗？

你能做范滂，我难道不能做范滂的母亲吗？

苏轼的妈妈从小就教他读《范滂传》，在小小的东坡心里种下了一颗善良、正直、勇敢的种子，影响了苏东坡的人生观和价值观。

萌萌，快讲讲范滂是谁，有什么厉害之处吧！

我也要做这样的人！

《范滂传》出自两汉诗人范晔的《后汉书》，记载了汉朝官员范滂的故事。他刚正不阿，恪尽职守，惩办贪官，清剿盗贼，为老百姓做了很多好事，后来受人迫害。他朋友要帮他逃脱，他都拒绝了，慷慨被捕。

这里面的苏老泉就是苏轼的父亲，苏洵！

苏轼的父亲苏洵是一个"身教重于言教"的忠实实践者，他和他的两个儿子时常一起读书学习。

那些书太深奥，《三字经》还符合我一些……苏老泉，二十七，始发奋，读书籍。

怎么不见苏小妹啊？

对呀，我看过苏东坡和苏小妹的故事呢！

历史上根本没有什么苏小妹，那是大家喜爱东坡，杜撰了一个和他同样有趣的妹妹。他只有一个姐姐而已。

我定当一举夺魁！

哈哈，君子讷于言而敏于行，少说多做为好啊！

嘉祐元年（1056年），苏洵带着二十一岁的苏轼、十九岁的苏辙，进京应试。

好文采，好文采啊！妙哉，妙哉！

那此作者一定是第一名喽！

主考官欧阳修对苏轼的文章大加赞赏。由于当时是封卷评分，欧阳修误以为是自己的学生曾巩写的，为了避嫌，把这一篇策论评为了第二名。

哈哈，原来是苏轼所写，读此文章，不觉汗出，快哉快哉，老夫当避路，放他出一头地也。

这是什么意思？后生小子太厉害，我这样的人得让贤，让他过来啊！

意思就是苏东坡高人一等。形容德才超众或成就突出。成语"出人头地"就是出自此处。

放榜的时候到了，欧阳修大吃一惊，才知道自己闹了乌龙，从而认识了苏轼。

种植松树祭奠离开的人，人虽然离开了，但是松树会万古长青！

很环保，很有意义啊！

在欧阳修的提携下，苏轼一时声名传遍京师。苏轼正要大展身手时，噩耗接连而至。先是母亲病故，守孝四年，而后父亲苏洵和苏轼的夫人也相继病故。苏东坡在墓地边种植了很多松树。

莫听穿林打叶声，何妨吟啸且徐行。竹杖芒鞋轻胜马，谁怕？一蓑烟雨任平生。……

直到再次回京任职时，苏轼又因反对新法与新任宰相王安石政见不合，被迫离京。苏轼一生坎坷，颠沛流离。

萌萌，你咋也文绉绉的了啊？也要当诗人啦？

真够坎坷的啊，经历风雨方见彩虹啊！

你写的这首关于石钟山的诗，什么南声北音的，牵强附会，不可信啊！

父亲，这可是有资料可以查证的啊，不是我胡说哦！

看石钟山的名字，就知道是石头经过敲击会像钟一样发出声音来。

苏轼不仅将好学的家风传给了后人，在家庭教育上也别具一格。

父亲，这就是石钟山了！

声音一点也不好听啊！

研究学问、考证事物，切不可人云亦云，或者道听途说就妄下结论啊！实地考察一下就知道了！走！

哈哈，尽信书，则不如无书啊！

没有调查就没有发言权，哼，这个声音一点也不好听啊！

这边也是！

孩儿记住了！没有实地调查，就臆测其有无，是不可能找到正确答案的！

学生知道了！

石钟山得名的原因不难明白，只需实地考察就行，可是很多人却不肯费这些功夫，宁愿在书本里找答案。浅薄的人往往附会一些莫名其妙的东西来解释，最终以讹传讹，使不难明白的事千百年来不得明白。

真是现学现卖啊！

那你说说看！

袁老师，你知道石钟山是怎么回事吗？讲的是什么道理吗？我可是知道哦！

113

弦高犒师的风波

 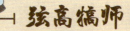

> 支援献爱心，哪那么多问题啊！这句话意思就是帮忙呗，反正意思……

> 你到底是几个意思啊？哪个意思对啊？

> 你们一下子搞出这么多意思，真是太没意思了！

"这些灾区小朋友没有新衣服穿，更没有玩具玩……一方有难，八方支援，到了这个时候，我们一定要学习弦高犒师的精神，为国家出一份力。"投影仪上正在播放受灾地区的纪录片，里面的小朋友们衣不蔽体，裹着毯子住在帐篷里。袁老师声情并茂地做宣传，说得丁壮壮这个慢性子都热血沸腾，读优优更是急不可耐地想伸出援手。

"袁老师，什么是弦高犒师啊？"林萌萌总是很敏感，一下子扯到名词解释上去了，这让读优优很是不耐烦。

袁老师慷慨激昂的捐献号召彻底被几个人打乱，赶忙拍手将大家的注意力吸引到自己身上。

袁老师耐心解释说："早在战国时期，一个名叫弦高的小商贩为了保护自己的国家，把所有的牛都贡献出来……"

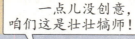

> 一点儿没创意，咱们这是壮壮犒师！

> 我家里没有养牛啊？

> 那可不仅仅是献牛那么简单，还需要临危不惧的智慧和胆量呢！

114

读优优一脸的为难神态，说："可是，袁老师，我们家没有牛啊！"

林萌萌看不下去了，她批评读优优说："谁要你把家里的牛捐给受灾的小朋友们啦？你不是有不穿的衣服、不玩的玩具和零花钱吗？"

老师，我妈妈捐出了爸爸的游戏机，爸爸捐出了妈妈的名贵皮包。

"老师，我们一定会全力帮助受灾的小朋友们的！"读优优一边说一边紧紧捂住了自己的钱包口袋。

袁老师感到特别欣慰，他带头为聪明懂事的林萌萌鼓起了掌。在一片热烈的掌声中，林萌萌的脸上似乎泛起阵阵骄傲的光芒。这时候，丁壮壮缓步上台，他一手掏出一只皮包，另一只手里掏出一台游戏机。

"捐这些行吗，袁老师？"丁壮壮难以掩饰内心的忐忑，向袁老师发问。袁老师的眉毛皱了又皱，最后含含糊糊地回答："我觉得……大概……行吧。好，我们感谢丁壮壮同学一家做出的贡献。"

同学们交头接耳，但还是给丁壮壮送上了掌声。现在就剩读优优没有捐赠物品了，袁老师环视教室一周，问："咱们班还有同学要献爱心吗？"

全班同学的眼睛唰的一下全部盯着读优优，读优优最后不得不艰难地站了起来。好好的一场捐赠大会又变成了闹剧。

我准备把这学期没写的习题册都捐出去！

◎古人的国与家

　　看过那么多家训，你是不是发现，几乎每部家训都提到修身，齐家，治国，平天下？

　　我们知道，这四者是一个递进的关系，可为什么是这么递进呢？

　　修身容易理解，先把自己的修养和本领提高了，这是其他方面的基础。有了修养和本领，管理一个小家，自然就很轻松。

　　我们常常能听到一个词，叫封建社会家长制。

　　这个家长，可不仅仅是指爸爸妈妈。

萌萌，你的成绩比我好，可是论级别那就未必啦！

看家风就能看出你的级别！

你们继续吵着，我走先！

家风就是第一级台阶——修身的武林秘籍。

当时的人们是一整个家族的人住在一起，家有家长，族有族长，家族里的大小事务，常常是由族长说了算。

族长就是一整个家族的家长，他可以管着族里的所有人。

皇帝是天下所有家族的大族长，他可以管着这个国家的所有人。

古代的读书人，要求先管好自己家庭这个小家，当他拥有足够的本事后，就帮助皇帝治国，管理天下这个大家，并最终把安定与和平带给天下。

天下之本在国，国之本在家，所谓修身齐家治国平天下……人呢？咋都睡着了啊？！

平天下
治
修身

末将定不负王命！

郑国新君刚立，立足未稳，正是消灭郑国的好机会啊！

故事发生在春秋时期，公元前628年，郑文公去世，公子兰继承君位。秦穆公决定利用郑国国丧机会，命令大将前去消灭郑国。

小人不敢，小人不敢……

什么人挡本大将军的路？

哈哈，这是好事啊！

我们的国君听说你们要来了，一方面加强防守，另外派我带着这十二头牛来犒赏秦军。

快演戏，不是让你吃来啦！说台词！

你这个牧童，竟敢出言不逊，推出去，咔嚓了……不，捆起来，让他看着本将军吃肉！

看来你们国君有准备了，还派人来献牛，这仗不能打了，也不去郑国了。

这个将军做坏事还说得这么大义凛然，佩服！

后 记

我们家到底有没有家风家训呢？那是什么样的呢？

这是读优优和小伙伴们共同的疑问，相信很多小朋友也产生了这个疑问。

因此，虽然这本关于家风家训的漫画书结束了，但是读优优等人对家风家训的学习和发现才刚刚开始哦！

当然，发生在读优优他们身上的错误和误会，相信小伙伴们肯定会区分开来。

发生在他们身上那些搞笑的事情，相信也会引得很多小伙伴会心一笑。

他们是实践者，虽然有点调皮，有点搞怪，但是他们可不想让那些理论停留在书本里，所以……

他们是求学者，虽然有时候夸张，有时候又逃之夭夭，但是他们的心是始终在关注着的。

他们是分享者，他们把发生在他们身边的事情都分享给了大家，精彩就在生活中，精彩就在我们的身边，平常的生活就蕴含着我们所讲的深刻道理。

小读者们，可能你们也发现了很多问题，不妨和同学们交流一下，和爸爸妈妈聊一聊呢！这些道理是干什么的呢？就是给我们指引道路的啊！读优优和他的小伙伴们也会犯错，欢迎批评指正哦！